ISRAEL
kulinarisch

AVI GANOR / RON MAIBERG

·I·S·R·A·E·L·
kulinarisch

Unter Mitarbeit von Zachi Bukshester und Kenneth R. Windsor

Aus dem Englischen von Maria Paukert

DROEMER KNAUR

Bilder Seiten 1 bis 8

1. *Jaffa-Orangen, die nettesten Botschafter Israels. Im Hintergrund die Küste von Jaffa.*
2. *Zwiebelfelder auf dem Golan. Überfluß in einem fruchtbaren Land.*
3. Labaneh, *Käsebällchen in Olivenöl. In Olivenöl eingelegte* Labaneh *sind lange haltbar.*
4. *Granitfelsen in den Bergen von Judäa.*
5. *Sommer- und Winterkürbisse – eine farbenprächtige Auswahl.*
6. *Mandelblüte im Herzen von Galiläa.*
7. *Traditionelle Zutaten für* Zhoug, *ein feuriges jemenitisches Relish.*
8. *Erdbeeren ohne Ende. Jedes Jahr dauert die Saison länger, werden die Früchte größer.*
Unten: Ziegenkäse mit Minze und Karottenstreifen.

Titel der englischen Originalausgabe: »Taste of Israel«
First published in the United Kingdom 1990 by
PRION, an imprint of Multimedia Books Limited, 32-34 Gordon House Road, London NW5 1LP
Text © Ron Maiberg 1990, Fotos © Avi Ganor 1990

NHALT

EINFÜHRUNG

Bittet man ausländische Kritiker, über die Küche Israels zu schreiben, so wählen sie in der Regel das israelische Frühstück zum Thema, denn davon können sie schwärmen, ohne ihre Integrität aufs Spiel zu setzen. Meist findet diese vielbewunderte Mahlzeit in einem Kibbuz statt – die Entfaltung von Pioniergeist scheint eben ein besonders passender Rahmen zu sein. Und in einem Kibbuz wird der ausländische Kritiker sowohl von ästhetischen als auch von kulinarischen Genüssen förmlich überwältigt. Einen besonders nachhaltigen Eindruck hinterläßt dabei die reiche Auswahl an Sahne, Käse, Joghurt und Buttermilch, die mit einem üppigen Angebot an Gemüse reizvoll kontrastiert.

Dies alles ist nicht nur ein herrlicher Anblick, sondern vermittelt auch ein Gefühl von Überfluß und Vitalität. Man kann sich diesem Zauber kaum entziehen. Und diese typische Szene hat auch dazu beigetragen, daß zahlreiche Kritiker das Frühstück zu »Israels bedeutendstem Beitrag zur internationalen Küche« erho-

ben. Bei einem Israel-Aufenthalt sollte man, wie ein Kritiker empfohlen hat, einmal am Tag essen – am besten Frühstück und am besten in einem Kibbuz.

Die meisten Speisen, die wir in Israel zu uns nehmen, stammen nicht aus dem östlichen Mittelmeerraum; sie sind aber israelisch, da sie im Land erzeugt, zubereitet und konsumiert werden. Ein geübter Gaumen erkennt jedoch mühelos, welche Regionen und

◆ Lahuhua,
jemenitische,
schwamm-
ähnliche
Pfannkuchen.

Länder einen besonders nachhaltigen Einfluß auf die israelische Küche ausüben. Da gibt es den nordafrikanischen oder maghrebinischen Einfluß. Jahrhundertelang waren Juden in Nordafrika ansässig, und kaum ein Kompendium der marokkanischen Küche läßt den Beitrag der dort lebenden Juden zur Landesküche unerwähnt. Den in Israel beheimateten Arabern verdanken wir wiederum interessante Beiträge zu unserer Küche. Aber Juden und Araber haben sich in Israel nicht einander angeglichen, sondern repräsentieren immer noch zwei gegensätzliche, manchmal sogar verfeindete Kulturen mit jeweils typischen Charakteristika.

Was bedeutet eigentlich »israelische Küche«? Für viele Israelis ist diese Frage ohne Bedeutung. Denn wie kann man etwas beschreiben, das weder einheitlich noch kohärent ist? Mit dieser Ansicht liegt man jedoch falsch. Die israelische Küche ist einzigartig und verdient vor allem wegen der vielschichtigen ethnischen und kulturellen Einflüsse, die sie prägen, Aufmerksamkeit. Alle diese Einflüsse, ob marokkanisch, jemenitisch, russisch, arabisch oder polnisch, sind gleich bedeutend, und die Existenz so vieler verschiedener Küchen in einem so kleinen Land macht die israelische Küche zu einem interessanten Phänomen. Heute wird in Israel die Existenz einer israelischen Küche heiß diskutiert. Zahlreiche Einwohner behaupten zwar, es gebe keine, aber mindestens ebenso viele sind fest davon überzeugt, daß eine israelische Küche besteht. Indem man welt-

berühmte Gerichte mit einem hebräischen Namen versieht, schafft man sicher keine israelische Küche. Filet Mignon mit Edelpilzkäse bleibt auch unter anderer Bezeichnung Filet Mignon mit Edelpilzkäse. Aber jene tapferen Köche, die uns lehren, stolz auf das von uns Er-

reichte zu sein, behaupten, sie seien israelisch, wenn sie Avocados, Orangen und biblischen Ysop vermischen. Und mit ihrem St.-Peter-Fisch mit *Tahini* fühlen sie sich als die großen Erneuerer.

Faktisch wurde die israelische Küche »nouvelle«, bevor sie überhaupt Gelegenheit hatte, sich zu definieren. Einheimische Experten behaupten beispielsweise, Israels bedeutendster Beitrag zur internationalen Küche sei nicht das Frühstück, sondern *Foie Gras* (Gänsestopfleber) vom Grill. Denn wir waren die ersten, die es wagten, diese teure Delikatesse dem offenen Feuer auszusetzen. Da *Foie Gras* überwiegend aus Fett besteht, bereitet man sie gewöhnlich konservativ und vorsichtig zu. Wacht man nicht mit Argusaugen über den Leckerbissen, so kann er leicht dahinschmelzen. Für gewöhnlich verarbeitet man Gänsestopfleber zu einer Pastete oder bereitet sie ganz zu und serviert sie heiß oder kalt. Das Grillen von Gänsestopfleber am Spieß ist somit entweder ein äußerst mutiges Unterfangen oder aber einfach eine Trotzreaktion gegen die Ordnung in der Alten Welt. Und was könnte israelischer sein, als *Foie Gras* in *Pita*-Brot zu servieren? Momentan macht Israel eine Art kulinarischen Fermentierungsprozeß durch

◆ *Jemenitischer Tänzer in dem Gewand, das man der Tradition nach bei Festlichkeiten wie beispielsweise Hochzeiten trägt.*

und assimiliert immer noch die Einflüsse neuer Küchen wie der französischen, der italienischen und der amerikanischen, die seit dem Beginn der achtziger Jahre auf die israelische einwirken. Aber man beginnt auch zu erkennen, daß sie einen eigenen Charakter hat. Es gibt Ungewöhnlichkeiten am laufenden Band. So besitzen wir beispielsweise eine weiße Desserttrüffel, die man nicht essen kann. Und wir verfügen über eine nach der Stadt Jerusalem benannte Artischokke, die eigentlich gar keine Artischocke ist und mit Jerusalem nichts zu tun hat. Ysop, ein bereits in der Bibel erwähntes Kraut, ist heute eine geschützte Pflanze, an der sich niemand vergreifen darf. Heute ziehen wir mehr Lämmer, als wir essen können, und mußten deshalb den Juden beibringen, Lammkoteletts, Lammschmorgerichte und gebratene Lammkeule Rindfleischgerichten vorzuziehen. Bis vor fünf Jahren hatten wir nur süße Rotweine, während ordentliche Tafelweine als »sauer« galten und gemieden wurden.

◆ *Der Kopf eines Karpfens, des »National- fisches« der Israelis.*

Unsere Großmütter trugen mehr zur Herausbildung einer israelischen Küche bei als andere Großmütter, aber ihre Verdienste wurden durch die Einflüsse der jüngsten Zeit erheblich geschmälert. Die Frauen kochten zwar, wie sie es von früher gewohnt waren, verstanden es aber auch, einheimische Produkte und klimatische Gegebenheiten zu berücksichtigen.

Meine eigene, aus Rußland stammende Großmutter, pflegte im Ofen unserer familieneigenen Bäckerei einen braunen, duftenden *Cholent* herzustellen, einen reichhaltigen Auflauf aus Fleisch, Kartoffeln, Bohnen und Gerste. Unser großer Ofen bestand aus roten Ziegeln und war für kommerzielle Zwecke geschaffen. Und meine Großmutter konnte bis auf ein Grad mehr oder weniger genau bestimmen, wann er die richtige Temperatur für ihren *Cholent* erreicht hatte. Sie schob das mit einem Küchenhandtuch abgedeckte Gericht, kurz nachdem die letzte Sabbat-*Challa* zeitig am Freitagmorgen herausgenommen worden war, hinein und ließ es bis zum nächsten Morgen schmoren. Dabei kümmerte sie sich die ganze Nacht um ihren *Cholent*, als sei er ein Kind. Pünktlich jede Stunde wachte sie auf, marschierte in die Backstube, zog den *Cholent* aus der Röhre, entfernte vorsichtig das Tuch, so als wolle sie das Gericht nicht »wecken«, und prüfte die im Topf verbliebene Flüssigkeitsmenge. Ihr Alptraum war, daß ihr *Cholent* austrocknen könnte. Und da sie unter widrigsten Umständen drei Kinder großgezogen hatte, hatte sie keinesfalls die Absicht, dies geschehen zu lassen. Nichts, was ich je in meinem Leben gegessen habe, kommt diesem *Cholent* aus dem alten, geschwärzten Topf gleich. Durch klares Wasser, genau in den rich-

tigen Mengen zugesetzt, wurden die Kartoffeln goldbraun und weich, verbanden sich die Bohnen mit der Gerste, und verschmolz das Fleisch so mit dem Knochenmark, daß man beides überhaupt nicht mehr unterscheiden konnte. Für das Gericht brauchte man Hingabe und Ausdauer,

und meine Großmutter verfügte über beide Eigenschaften. Selbst ihr hausgemachter Auberginensalat ist in meinen Augen typischer israelisch als vieles, was wir heute essen. Sie erhitzte die Auberginen über offenem Feuer, zog die Haut ab, zerdrückte das Gemüse mit einer Gabel und fügte Knoblauch, Zitronensaft, Mayonnaise und Chilis hinzu. Auch ihre Pickles waren hervorragend, und selbst ihre einfachen Frühstücksomeletts bleiben unvergessen.

Meine andere, aus dem polnischen Krakau stammende, Großmutter war ebenso zäh und resolut wie meine russische Großmutter. Sie briet niemals und benutzte nie glühende Holzkohlen – auch nicht zum Grillen. Sie kochte Rindfleisch mit Sauerrahm und Kapern – streng nicht-koscher. Ihr Karpfen, sehr süß und für den modernen israelischen Gaumen absolut ungenießbar, zitterte stets in einem

◆ *Früher Morgen in Safed, einer kleinen, auf einem Hügel gelegenen Stadt. Sie ist berühmt wegen der klaren Luft, gelegentlicher Schneefälle und der Frömmigkeit ihrer Bewohner.*

Gefängnis aus dickem Aspik. Dafür war jedoch ihr Gurkensalat mit frischem Dill und Sahne ein Genuß. Sie machte mich auch als erste mit der Artischocke vertraut – das Erlebnis war fast so aufregend und erotisch wie meine erste Freundin. Großmut-

ter zeigte mir, wie man die Außenblätter entfernt und das Fleisch von den Stammenden nagt, wie man die Stacheln entfernt, das Herz zerteilt und einen lecke-

ren Bissen in eine weiße Sauce taucht. Ich bin kein Saucenexperte, aber es gelingt mir, aus der Erinnerung an meine Großmutter eine Sauce für Artischoken zu improvisieren.

Großmutter stellte uns auch die erste *Foie Gras* vor, eine runde, feste, in Folie verpackte Kugel, und brachte uns bei, wie man sie ißt. Dies geschah in den sechziger Jahren, als *Foie Gras* ebenso fremdländisch war wie Hummer und Fasan, die man übrigens bei uns nicht bekommen konnte. Im Gegensatz zu meiner extrovertierten russischen Großmutter aß meine polnische Großmutter nie am Tisch. Und sie servierte auch nie wirklich, wenn man darunter das Vorlegen von Speisen versteht. Sie häufte vielmehr das Essen vor uns auf, befahl uns zu essen und gab nicht eher Ruhe, bis alles verschwunden war. Blieb etwas unberührt liegen, so konnte sie fuchsteufelswild werden. Um ihretwillen hoffte ich stets, daß sie einmal etwas in der Küche verschwinden lassen würde – aber Menschen, die sie genauer kannten, rieten mir, nicht darauf zu vertrauen.

Die großen Küchen der Welt entwickelten sich während langer Perioden des Friedens und des guten Lebens. Man könnte Stabilität und Parties fast schon als Voraussetzung für eine echte Gastronomie ansehen. Aber Juden und Israelis hatten kaum Zeit für Muße und schöne Spiele, und die Speiseregeln des *Kaschrut* haben uns davon abgehalten, Milch und Fleisch zu mischen und Meeresfrüchte zu essen. So erscheint es fast wie ein Wunder, daß die israelische Küche so viele Delikatessen hervorgebracht hat. In den ersten Jahren mußten wir mit sehr wenig auskommen. Aber heute haben auch wir unsere kulinarische Stimme gefunden und erhoben, und es wird höchste Zeit, daß man auch auf sie hört.

◆ *Am Ende eines Erntetages warten Heuballen in der Jezreel-Ebene darauf, abtransportiert zu werden.*

·I·S·R·A·E·L·
*k*ulinarisch

KAPITEL 1

VORSPEISEN UND SCHARF GEWÜRZTES

◆ *Ein Teller voll Hu-
mus. Humus gehört
zu den israelischen
Nationalgerichten
und ist sättigend,
nahrhaft und billig.
Zum Essen benötigt
man nur Pita-Brot
und eine geschickte
Hand. Auf dem Bild:
ganze Kichererbsen,
Olivenöl, Paprikapul-
ver, Petersilie, süß-
sauer eingelegte rote
Bete und rohe Zwie-
beln.*

Das Wort *Mezze* kann mit Appetithappen, Vorspeisen, Horsd'œuvres oder Snacks übersetzt werden. Aber keiner dieser Begriffe umfaßt wirklich
die ganze Palette von gekochten und ungekochten
Delikatessen, mit der man in Israel und im ganzen
Mittleren Osten eine Mahlzeit beginnt. Obwohl ein
Streifzug durch die Restaurants nicht immer der
beste Weg ist, die Küche eines Landes kennen- und
beurteilen zu lernen, empfehle ich diese Methode
für das Kennenlernen von *Mezze*. Denn Sie werden
dabei auf einem einzigen Tisch eine riesige Auswahl verschiedener Gerichte sehen, viel, viel größer, als Sie sie je in einem Privathaushalt antreffen
können.

◆ *Eukalyptus-*
baum in den
Sanddünen nahe
Nizzana am
Rand der nörd-
lichen Negev.

Selbst in einem bescheidenen Restaurant werden mindestens zwanzig verschiedene Gerichte angeboten.

Die Portionen sind zwar klein, aber gerade deshalb ein idealer Einstieg in das Exotische und Ungewohnte. Es gibt rohe Salate und rohe Gemüse mit verschiedenen Dips, *Humus, Tahini*, mit Zitrone angemachten *Laba-neh*-Käse, Käsewürfel, gegrillte Hühnerleber, auf verschiedene Weise zubereitete Auberginen, Salate mit Kurkuma und Kreuzkümmel, süßsauer eingelegte Gemüse, fritierte *Kibbeh* oder Fleischpastetchen, gefüllte Weinblätter, kleine, mit Fleisch, Käse oder Spinat gefüllte Teigtaschen und scharfe Relishes wie *Harissa* und *Zhoug*. Eigentlich paßt jedes Gericht auf eine *Mezze*-Tafel, das einen starken Eigengeschmack entfaltet und in kleinen Portionen gereicht werden kann.

Durch diese Vielfalt wird ein weiteres Merkmal der israelischen Küche deutlich. Bei uns ist es nämlich nicht Sitte, die Mahlzeiten in verschiedenen Gängen zu servieren, wobei jeder Gang eine bestimmte Menge Leute sättigen soll. Wir stellen vielmehr unsere Speisen so auf den Tisch, daß jeder sich selbst bedienen kann. Obwohl Vielfalt als eine Würze des Lebens gilt, betrachtet man einen Gast, der verschiedene *Mezze* wahllos auf seinen Teller häuft, mit gerunzelter Stirn. Man sollte vielmehr auswählen und genießen und nicht alles, was es gibt, auf einmal in sich hineinstopfen.

Die scharfen Beilagen, die man zu den *Mezze* serviert, sind so »belebend«, wie sie aussehen. *Zhoug, Shatta, Hreimeh, Harissa* und *Madbuha* basieren alle auf verschiedenen Mengen einheimischer grüner und roter Chilis. Im Vergleich zu ihnen mutet frischer Meerrettich geradezu mild an. Mit Chilis zubereitete Relishes sind ein Grundbestandteil der israelischen Küche und dürfen bei keiner Mahlzeit fehlen. In den meisten Restaurants muß man nicht extra nach ihnen fragen, denn sie stehen auf jedem Tisch. Sie verleihen jedem *Mezze*-Gericht eine besondere Note, können unter *Humus* und *Tahini* gemischt, über *Falafel* geträufelt und Eintöpfen oder Grillfleisch zugesetzt werden. Sie überwinden ethnische Barrieren mit derselben Leichtigkeit wie der Duft frisch gebackenen

Brotes und werden heute, obwohl sie früher ein Vor-
recht von Einwanderern aus dem Jemen und aus Ma-
rokko waren, von allen gegessen und als Allgemeingut
angesehen. Sie sind aber auch äußerst gefährlich für einen Neuling in der israelischen Küche und gehören zu
einem Spiel, das die Israelis gerne mit Unerfahrenen
spielen. Trauen Sie also niemals einem Israeli, der Chilis in der Hand hat …

Jemenitische Juden behaupten, daß *Zhoug* und *Shatta*,
die beiden feurigsten dieser Würzpasten, die Kraft haben, alle Arten von Krankheiten, von der einfachen Er-
kältung bis hin zur Arterienverkalkung, zu bannen. Wissenschaftliche Studien,
die versuchten, einen Zusammenhang zwischen scharfem Essen und robuster
Gesundheit herzustellen, brachten allerdings nicht die gewünschten Ergebnisse.
Aber die Fähigkeit verschiedener Volksgruppen, *Harissa* und seine Verwandten
hinunterzuschlucken, ohne dabei mit der Wimper zu zucken, erscheint mir
allein schon als ausreichender Hinweis auf eine gute Gesundheit.

Betrachtet man eine rote Chilischote, so sieht man ihr keineswegs an, welche
Qualen sie verursachen kann. Ihr Geschmack ist sehr schwer zu beschreiben, da
es sich dabei weniger um einen »Geschmack« als vielmehr um ein glühendes,
brennendes Gefühl handelt, das sich in einem relativ kleinen Raum ausbreitet.
Kluge Menschen haben beim Genuß von Chilipasten stets *Pita* oder ein anderes
Brot in Reichweite, da Brot praktisch das einzige Lebensmittel ist, das von Chili
gereizte Schleimhäute beruhigen kann.

In Wahrheit ist der Genuß von Chilipaste ein Spiel für Machos und noch weit
gefährlicher als Poker. Man wird niemals zugeben, das man »out« ist, und man
wird nie eingestehen, daß die Schleimhäute brennen wie Höllenfeuer. Lediglich
die Schweißtropfen auf der Stirn eines Mannes verraten, wie sehr er leidet. Aber
er wird dennoch niemals auf die Toilette gehen, um seinen Kopf unter einem
kalten Wasserstrahl zu kühlen, sondern tapfer durchhalten, bis auch der letzte
Bissen *Pita* verschwunden ist.

Für den Handel gezogene Chilischoten haben in den Augen der Puristen ihre

◆ *Sonnen-*

untegang

über der

Wüste

von

Judäa.

◆ Die traditionelle
Zubereitung des
jemenitischen
Zhoug: Chili-
schoten und
Knoblauch
werden mit der
Hand zerdrückt
oder zerrieben
und danach mit
Koriander und
anderen
Gewürzen ver-
mischt.

wahren Tugenden eingebüßt, da sie angeblich durch den Transport und die Behandlung einen Teil ihrer Würzkraft verlieren. Diese Leute ziehen die Chilis aus dem Garten ihrer Großmutter den im Laden erhältlichen vor.

Um die Chilischote ranken sich zahlreiche Legenden. Kleine Krüge mit hausgemachter Chilipaste werden auf lokalen Märkten feilgeboten, und diejenigen, die von einer sehr, sehr alten Frau angeboten werden, sollen besonders kräftig und charaktervoll sein. Im alten jemenitischen Viertel von Tel Aviv werden *Zhoug* und *Shatta* noch mit der Hand hergestellt. Das Verfahren ist denkbar einfach, aber man muß Handschuhe anziehen und die Augen und andere Sinnesorgane schützen. Frische, knackige Chilischoten werden mit der Hand auf einem großen, flachen Stein zerrieben oder gehackt, mit einem Steinmörser zerstoßen und anschließend mit Gewürzen und Kräutern vermischt. In luftdicht verschlossenen Gefäßen hält sich diese Mixtur monatelang.

Andere jüdische Gemeinden haben ihre eigenen scharfen und weniger scharfen Spezialitäten. So verwenden beispielsweise die Marokkaner *Harissa* und *Hermulla*, die auch auf Chilis basieren und mit Knoblauch und Salz vermischt werden. Die Rumänen bevorzugen zu ihren Fleischgerichten frisch gepreßten Knoblauch mit Essig und anderen Flüssigkeiten.

◆ *Typische Chilischote aus Israel. Es gibt nur wenige Sorten, und dies ist die am weitesten verbreitete.*

Chilischoten sind für viele Israelis ein fester Bestandteil ihres Speisezettels und werden zu allen Mahlzeiten, sogar zum Frühstück, serviert. Sind sie nicht scharf und feurig genug, so wird dies sofort grimmig moniert. Aber leider gibt es auch Zeiten, in denen sie nicht so kräftig und würzig werden.

Vorspeisen
UND
SCHARF GEWÜRZTES

◆ *Eine Auswahl von Mezze, den traditionellen Vorspeisen Israels und des mittleren Osten.*

Rezepte

GEFÜLLTE WEINBLÄTTER

225 g frische oder eingelegte Weinblätter
250 g Langkornreis
2 oder 3 Tomaten, gehäutet und gehackt
1 große Zwiebel, fein gehackt
2 Eßlöffel frische, feingehackte Petersilie
1 Eßlöffel getrocknete, zerriebene Minze
1/4 Teelöffel gemahlener Zimt
1/2 Teelöffel Nelkenpulver
Salz und frisch gemahlener schwarzer Pfeffer
2 Tomaten in Scheiben (nach Geschmack)
100 ml Olivenöl
1/4 Teelöffel Safranpulver (nach Geschmack)
1 Teelöffel Zucker
Saft einer Zitrone
Zitronenspalten zum Garnieren
(5 oder 6 Portionen)

Bei in Salzlauge konservierten Weinblättern zunächst das überschüssige Salz entfernen. Dazu die Blätter in eine große Schüssel geben und so mit kochendem Wasser übergießen, daß es alle Schichten durchdringt. Blätter 20 Minuten einweichen, abgießen und mit kaltem Wasser übergießen. Abgießen und den Vorgang wiederholen.
Frische Weinblätter einige Minuten durch Eintauchen in kochendes Wasser geschmeidig machen und den harten Teil des Stiels abschneiden.
Reis mit gehackten Tomaten, Zwiebel, Petersilie, Minze, Gewürzen, Salz und Pfeffer vermischen. Einen guten Löffel der Füllung in die Nähe des Stielendes jedes Blattes geben. Stielende über den Reis falten, beide Blattseiten nach innen schlagen, das Päckchen wie eine Zigarre rollen und in der Hand fest zusammendrücken. Sobald man einige Blätter gerollt hat, geht dies ganz leicht.

Die Weinblätter dicht nebeneinander in eine mit Tomatenscheiben und beschädigten Weinblättern ausgelegte flache Fettpfanne legen. Je nach Geschmack einige Knoblauchzehen dazwischen verteilen. Blätter mit einem Teller beschweren, damit sie sich nicht aufrollen, Pfanne verschließen und die Weinblätter 2 Stunden lang leise simmern lassen. Dabei von Zeit zu Zeit die verdunstete Flüssigkeit durch etwas Wasser ersetzen. Weinblätter in der Pfanne auskühlen lassen und kalt mit reichlich Zitronenspalten garniert servieren.

TABBOULEH
Ein Salat aus geschrotetem Weizen, Gemüse und Kräutern

1 Tasse Bulgur (geschroteter Weizen)
1 Eßlöffel frische, gehackte, glattblättrige Petersilie
2 Eßlöffel gehackte Minze
1 Gurke, gewürfelt
1 Paprikaschote, gewürfelt
1 Zwiebel (oder 6 Schalotten), gewürfelt
1 große Tomate, gewürfelt
abgeriebene Schale einer Zitrone
Saft von 2 Zitronen
80 ml Olivenöl
Salz und Pfeffer
eine Prise Nelkenpulver

Bulgur 30 Minuten in kaltem Wasser einweichen, durch ein feines Sieb abgießen und überschüssige Flüssigkeit ausdrücken. Alle Zutaten in einer Schüssel vermischen. Das Gericht eine Stunde in den Kühlschrank stellen und dann als pikante Vorspeise servieren.

◆ *Gefüllte Wein-blätter stehen auf dem Speisezettel der meisten Län-der des östlichen Mittelmeer-raums, so auch in Griechenland, in der Türkei, im Libanon und auf Zypern. Als Fül-lung kann man sowohl Reis als auch Fleisch oder aber beides zusammen ver-wenden.*

TAHINI-SAUCE

Geschmacksintensive Sauce aus Sesamsamen

100 g Sesampaste
60 ml Wasser
60 ml frisch gepreßter Zitronensaft
1/4 Teelöffel Salz
1 Teelöffel fein zerriebener Knoblauch

Mit einer Gabel Sesampaste und Wasser verrühren, Zitronensaft und Knoblauch zugeben und alles gut vermischen. Oder aber alle Zutaten im Mixer vermengen. Die Masse wird später im Kühlschrank fest.
Für eine *Tahini*-Version, die gerne zu *Mezze* gereicht wird, braucht man reichlich frischen, gehackten Koriander oder aber Petersilie.
Tahini hält sich im Kühlschrank bis zu 10 Tage.

GURKEN-FENCHEL-SALAT

1 große Gurke, geschält und fein gehackt
1/4 Fenchelknolle, fein gehackt
1 Prise Salz
1/4 Teelöffel frisch gemahlener schwarzer Pfeffer
3 Eßlöffel saure Sahne
1 Eßlöffel Olivenöl
2 Eßlöffel frisch gepreßter Zitronensaft
2 Schalotten (oder Frühlingszwiebeln), fein gehackt
(4 Portionen)

Alle Zutaten sorgfältig vermischen und den Salat vor dem Servieren kühlstellen.

AUBERGINENSALAT

Drei von zahlreichen verschiedenen Rezepten

450 g Auberginen
5 Eßlöffel frisch gepreßter Zitronensaft
1 knapper Eßlöffel zerriebener Knoblauch
1 Teelöffel Salz
oder
100 ml Tahini-*Sauce (Rezept links)*
grob gehackte Petersilie zum Garnieren
oder
1/2 Tasse Mayonnaise
2 Eßlöffel gehackte Zwiebeln
1 Eßlöffel gewürfelte rote Paprikaschote
2 Eßlöffel Olivenöl
1 Eßlöffel gehackter Dill

Auberginen einige Male mit der Gabel einstechen und unter dem Grill erhitzen, bis die Haut schwarz wird und Blasen wirft. Dies erledigt man am besten nach dem Grillen von Fleisch entweder auf dem Holzkohlengrill (es entwickelt sich ein rauchiger Duft) oder aber unter dem Grill des Backofens. Auberginen auskühlen lassen und die Haut abziehen. Das Fleisch mit dem Mixer pürieren (Kenner zerdrücken es allerdings ausschließlich mit einer Gabel!) und unter eine der oben angeführten Saucen mischen. Kalt mit heißem *Pita*-Brot servieren.

KALBSFÜSSE IN ASPIK

1,4 – 1,9 kg Kalbsfüße
2 l Wasser
6 Knoblauchzehen
1 Karotte
2 mittelgroße Zwiebeln
1 Stück Sellerieknolle
frischer Thymian
4 Lorbeerblätter
Salz und Pfeffer zum Würzen
2 hartgekochte Eier in Scheiben
Zitronenspalten zum Garnieren

Kalbsfüße blanchieren: Sie in kochendes Wasser tauchen, Wasser erneut zum Kochen bringen, Kalbsfüße herausnehmen und waschen. Jeden Kalbsfuß in 3 oder 4 Stücke zerteilen, diese mit 2 l Wasser in einen großen Topf geben, zum Kochen bringen und den Schaum abschöpfen. Die übrigen Zutaten mit Ausnahme der Eier zugeben und köcheln, bis das Fleisch weich ist (ca. 4 Stunden).

Die Brühe abseihen und mit Salz und Pfeffer abschmecken. In diesem Stadium klären viele Köche die Brühe wie eine Consommé mit Eiweiß und Eierschalen. Sellerie, Lorbeerblätter, Thymian und Knochen aus dem Sieb fischen – obwohl der Inhalt klebrig ist, am besten mit der Hand. Den restlichen Siebinhalt fein zerdrücken und in die Brühe geben.

Um zu sehen, ob die Brühe geliert, einen Löffel davon auf einen Teller geben und für 10 Minuten in den Kühlschrank stellen. Falls nötig, der Brühe 15g geschmacklose Gelatine zusetzen. Eierscheiben in eine flache Schüssel legen, Brühe darübergießen und das Ganze für einige Stunden im Kühlschrank fest werden lassen. Den fertigen Aspik in 8 Portionen teilen, diese auf eine Servierplatte legen und mit Zitronenspalten garnieren.

◆ *Kalbsfüße in Aspik sind eine traditionelle jüdische Spezialität aus Osteuropa. Man verfeinert sie beim Essen mit reichlich Zitronensaft.*

◆ *Marokkanische*

Zigarren sind

gerollte, fritier-

te Blätter aus

Filo-Teig mit

verschiedenen

Füllungen.

Man schätzt sie

besonders bei

festlichen An-

lässen.

MAROKKANISCHE ZIGARREN

Aus dem israelischen *Filo*-Teig stellt man häufig »Zigarren« her. Unten einige Varianten dieses Rezepts. Die Füllung wird stets auf ein halbes *Filo*-Blatt gesetzt, dann werden die Teigekken darübergeschlagen, und das Blatt wird wie eine Zigarre gerollt. Die Enden verschließt man entweder mit Eiweiß oder mit einer Mischung aus Mehl und Wasser. Dann die Zigarren in Öl fritieren, bis sie goldbraun sind. Als Vorspeise rechnet man 6 bis 8 Zigarren pro Person.

FÜLLUNG FÜR FLEISCHZIGARREN

1 Zwiebel, gehackt
1 Eßlöffel Öl
180 g Hackfleisch
1 Teelöffel gehackte Petersilie
1/4 Teelöffel gemahlener Kreuzkümmel
1 Prise Zimt
Salz und Pfeffer zum Abschmecken

Zwiebel in Öl anbraten, Hackfleisch, Petersilie und Gewürze zugeben und abschmecken. Zur Verfeinerung kann man noch etwas fein gehackte Gänseleber untermischen.

FÜLLUNG FÜR KARTOFFELZIGARREN

1 Zwiebel, gehackt
1 Eßlöffel Öl
150 g gekochte, zerdrückte Kartoffeln
Salz, weißer Pfeffer und Muskat zum Abschmecken

Zwiebel in Öl anbraten, gut mit den zerdrückten Kartoffeln vermischen und abschmecken.

FÜLLUNG FÜR KÄSEZIGARREN

125 g geriebener Käse
frische Minzeblätter

Vor dem Aufrollen je zwei Minzeblätter in eine Zigarre geben.

GEHACKTE LEBER

225 ml Öl
2 große Zwiebeln in Scheiben
450 g Hühnerleber
5 oder 6 hartgekochte Eier
Salz und Pfeffer
Radieschen und Tomatenscheiben zum
Garnieren

◆ Gehackte

Leber, Pick-

les und

Bier in ei-

nem Lokal

in der Le-

vinsky-Stra-

ße in Tel

Aviv.

Zwiebeln im heißen Öl goldbraun braten und auf Küchenpapier abtropfen lassen. 60 ml Öl beiseite stellen, im restlichen Öl die Hühnerleber braten. Leber auf Küchenpapier abtropfen und dann auskühlen lassen. Das für sie verwendete Öl weggießen.

Hühnerleber, Zwiebeln und hartgekochte Eier zerdrücken, alles gut vermischen und mit Salz und Pfeffer abschmecken. 60ml Öl vorsichtig unterrühren, bis eine geschmeidige Paste entstanden ist. Diese mit Radieschen und Tomatenscheiben garniert servieren. Traditionell ißt man gehackte Leber mit einer Gabel oder auf eine Scheibe *Challah* (Rezept S. 90) gestrichen.

◆ Eine Delika-

tesse der

jüdischen

Küche:

gehackte

Leber auf

getoastetem

Challa.

MAROKKANISCHER KAROTTENSALAT

700 g Karotten
1 Knolle Knoblauch, fein gehackt
100 ml Öl
1 Teelöffel fein gehackte Chilis
1 Teelöffel süßes Paprikapulver
180 ml Wasser
Salz
geriebene Kurkuma
80 ml Essig
1 Teelöffel Zitronensaft
1 Teelöffel gehackte Petersilie

Karotten waschen, abschaben und dünsten, bis sie zart sind, aber noch Biß haben. Abgießen und auskühlen lassen. Knoblauch im heißen Öl weich und glasig werden lassen (ca. 12 Minuten). Chilis und Paprika zugeben und 1 Minute erhitzen. Wasser aufgießen, Karotten, Salz, Kurkuma, Essig und Zitronensaft zugeben. 5 Minuten kochen, vom Feuer nehmen, auskühlen lassen und zugedeckt 24 Stunden in den Kühlschrank stellen. Vor dem Servieren gut durchrühren und mit Petersilie bestreuen. Als kalte Vorspeise zu *Couscous* (Bild S. 108) reichen.

◆ Hühner-

leber, Ei,

Zwiebel

und ein

Fleisch-

wolf – her-

aus kommt

gehackte

Leber.

ZWIEBELN IN ESSIG

2 große, milde (oder spanische) Zwiebeln
Salz
2 oder 3 Eßlöffel Weißweinessig
1 Eßlöffel getrocknete Minze oder
frisch gehackte Petersilie

Zwiebeln schälen, in Ringe schneiden, diese halbieren und mit etwas Salz bestreuen. Essig und Minze oder Petersilie zugeben und vor dem Servieren mindestens 1 Stunde ziehen lassen. Die Zwiebeln verlieren dabei viel von ihrer Schärfe und nehmen die anderen Aromen an. Man reicht sie als Appetithappen oder Relish zu einem Hauptgericht.

SÜSS-SAUER EINGELEGTE STECKRÜBEN

450 g Steckrüben
1 rote Rübe
Saft einer halben Zitrone
1 1/2 gehäufte Eßlöffel Salz
1,4 l Wasser

Rüben waschen, aber nicht schälen und in 0,5 cm dicke Scheiben schneiden. Rote-Rüben-Scheiben mit Zitronensaft beträufeln und den Boden eines bauchigen Glases damit auslegen (sie verleihen den Steckrüben einen leichten Rotton). Steckrübenscheiben darüberschichten und das Ganze mit Salzwasser bedecken. Das Gefäß verschlossen 7 Tage an einem kühlen Ort stehenlassen. Den Inhalt dann mit anderen *Mezze* servieren.

◆ *Manche Menschen legen einfach alles süßsauer ein – Rüben, Karotten, Gurken, rote Rüben, Paprikaschoten, ganze Zitronen, Oliven und Knoblauch ...*

SCHARFER OLIVENSALAT

450 g grüne Oliven (entsteint)
2 große, reife Tomaten, entkernt und zerdrückt
80 ml Öl
6 Knoblauchzehen, zerdrückt
1 Eßlöffel Tomatenmark oder -püree
3 Zitronenscheiben mit Schale
1 Teelöffel Chilipulver
1 Teelöffel Paprikapulver
Salz und frisch gemahlener schwarzer Pfeffer

Oliven in einen Topf geben, mit Wasser bedek-
ken und aufkochen. Abgießen, erneut mit Wasser bedecken und den Vorgang wiederholen. In
einem anderen Topf Tomaten, Öl, Knoblauch
und Tomatenmark vermischen und einige Minuten erwärmen. Oliven, Zitronenscheiben, Gewürze, Salz und Pfeffer zugeben und alles gut
vermischen. Etwas Wasser angießen und bei geringer Hitze so lange kö-
cheln, bis das Wasser absor-
biert ist. Zitronenscheiben
entfernen und das Gericht
auskühlen lassen. Kalt als
Mezze-Gericht servieren.

◆ *Ein Festmahl für*

Olivenliebhaber:

aufgesprungene

Oliven und schar-

fe rote Chilis.

ZHOUG

Chilipaste mit Petersilie und Koriander

*225 g pürierte frische Chilischoten (grün oder
rot)*
8 Eßlöffel frisch gehackte Petersilie
8 Eßlöffel frisch gehackter Koriander
1 1/2 Eßlöffel zerdrückter Knoblauch
1 Teelöffel Salz
1 Teelöffel Pfeffer
1 Teelöffel zerstoßener Kreuzkümmel
1 Prise Kardamompulver

Chilischoten im Mixer pürieren, Petersilie und
Koriander zugeben und erneut mixen. Knoblauch, Salz, Pfeffer, Kümmel und Kardamom untermischen.
Nochmals alles gut durchmixen und die Masse
in ein Glasgefäß füllen. Dieses verschließen und
in den Kühlschrank stellen. Dort hält sich *Zhoug*
mehrere Monate frisch.
Für rotes *Zhoug* nimmt man nur rote Chilischoten und keine Kräuter. Es ist zwar weiter verbreitet als grünes, läßt aber den typischen jemenitischen Geschmack dieser Variante vermissen.
Zhoug wird zu jemenitischen Gerichten wie
Chilbe oder *Mlawach* zusammen mit einem
Schüsselchen voll frisch pürierter Tomaten gereicht.

HUMUS

Kichererbsendip mit Knoblauch und *Tahini*

350 g getrocknete Kichererbsen
1 Teelöffel Backsoda
3 oder 4 Knoblauchzehen, zerdrückt
1 Teelöffel Salz
1/2 Teelöffel gemahlener Kreuzkümmel
100 ml Tahini (Rezept S. 30)
Saft von 2 Zitronen
Oliveröl

Kichererbsen über Nacht in Wasser, dem das
Soda zugesetzt wurde, einweichen. Sie dann
weich kochen und abgießen. Etwas von der
Kochflüssigkeit sowie einige schöne, ganze Kichererbsen für die Garnierung beiseite stellen.
Alle Zutaten grob vermischen. Sollte die Masse
zu trocken sein, etwas Erbsenkochwasser unterrühren. Die Masse auf einen Teller geben und in
die Mitte eine
Vertiefung
drücken. Ein
Humus-Experte
schafft es dabei,
mit einer einzi-
gen, raschen
kreisenden Be-
wegung einen
regelrechten
Krater mit ei-
nem leichten
Pastenfilm in
der Mitte zu for-
men. Etwas Oli-
venöl und die
beiseite gestell-
ten Kichererb-
sen in die Ver-
tiefung geben

und das Gericht auftragen. Manche Köche reichen noch extra *Tahini* dazu.

◆ *Die beiden
Eckpfeiler der je-
menitischen Kü-
che: grünes Zhoug
und rotes Zhoug.
Diese feurigen
Würzpasten verlei-
hen allen jemeniti-
schen Gerichten
ihren besonderen
Charakter.*

◆ *Das Tote Meer ist der
am niedrigsten gele-
gene Ort der Erde. Es
ist reich an Minera-
lien und Phosphaten,
aber in seinen Was-
sern gibt es keinerlei
Vegetation.*

HAZERET / HREIN
Meerrettich-Relish

100 g frischer Meerrettich
275 g frische rote Rüben
100 ml Essig
1 Teelöffel Salz
2 Eßlöffel Zucker

Meerrettich schälen, Rüben waschen. 15 Minuten kochen, auskühlen lassen und schälen. Meerrettich und Rüben mit dem Mixer zerkleinern – es empfiehlt sich, dies in der Nähe eines geöffneten Fensters zu tun! Die Masse mit den übrigen Zutaten vermischen und in einem verschlossenen Glasgefäß in den Kühlschrank stellen. Servieren Sie dieses Relish zu allen traditionellen pikanten Gerichten der osteuropäischen Küche, und wagen Sie es niemals, Gefillte Fisch ohne zu Tisch bringen.

◆ *Meerrettichsauce mit roten Rüben ist der einzige scharfe Beitrag osteuropäischer Juden zur israelischen Küche. Diese Würzpaste wird traditionell am Pessach-Fest zur Erinnerung an eine harte und schwere Vergangenheit gegessen.*

HARISSA
Nordafrikanische Würzpaste

18 frische rote Chilischoten
2 rote Paprikaschoten
4 Knoblauchzehen
1 Teelöffel gemahlener Kreuzkümmel
1 Teelöffel Koriandersamen
1/2 Teelöffel scharfes Chilipulver
1 Teelöffel grobes Salz
3 Eßlöffel weißer Essig
2 Eßlöffel Olivenöl

Alle Stiele und Kerne der Chilis entfernen – dabei unbedingt die Hände durch Handschuhe schützen. Mit einem Mörser (oder mit dem Mixer, was aber weit weniger Spaß macht) Chilis, Knoblauch und Gewürze vermischen. Paprikaschoten entkernen und tiefgefrieren oder grillen, damit sich die Haut abziehen läßt. Das Fleisch und die übrigen Zutaten zur Chilipaste geben und 1 bis 2 Minuten gut vermischen. Vorrat für eine Woche in den Kühlschrank stellen, den Rest einfrieren.

HREIMEH
Würziger marokkanischer Fisch

3 Eßlöffel Öl
2 Eßlöffel gehackte Petersilie
1 Zwiebel, gehackt
8 Knoblauchzehen, gehackt
2 Eßlöffel Tomatenmark oder -püree
1/2 Teelöffel Salz
2 Eßlöffel Zitronensaft
1/4 Teelöffel schwarzer Pfeffer
gemahlener Koriander oder Kreuzkümmel zum Abschmecken
1/2 Teelöffel Paprikapulver
350 ml Wasser
450 g frischer Fisch (Meerbrasse, Meeräsche oder Karpfen)

Öl erhitzen und Petersilie sowie Zwiebel 5 Minuten anbraten.
Knoblauch, Tomatenmark, Salz, Zitronensaft, schwarzen Pfeffer und Koriander zugeben. Wasser angießen, alles gut verrühren und bei mittlerer Hitze 5 bis 10 Minuten kochen. Fisch zugeben und 25 Minuten zugedeckt pochieren.

Tausend und ein Geschmack

Aus dem Reiche Ali Babas kommt ein neuer Muß-Geschmack. Arabien verführt den Gaumen. Im Gewürzerausch

Kaffee mit Kardamom, süßes Kokoskonfekt und krosse Baklawa – das mit Rosenwasser parfümierte Blätterteignußgebäck

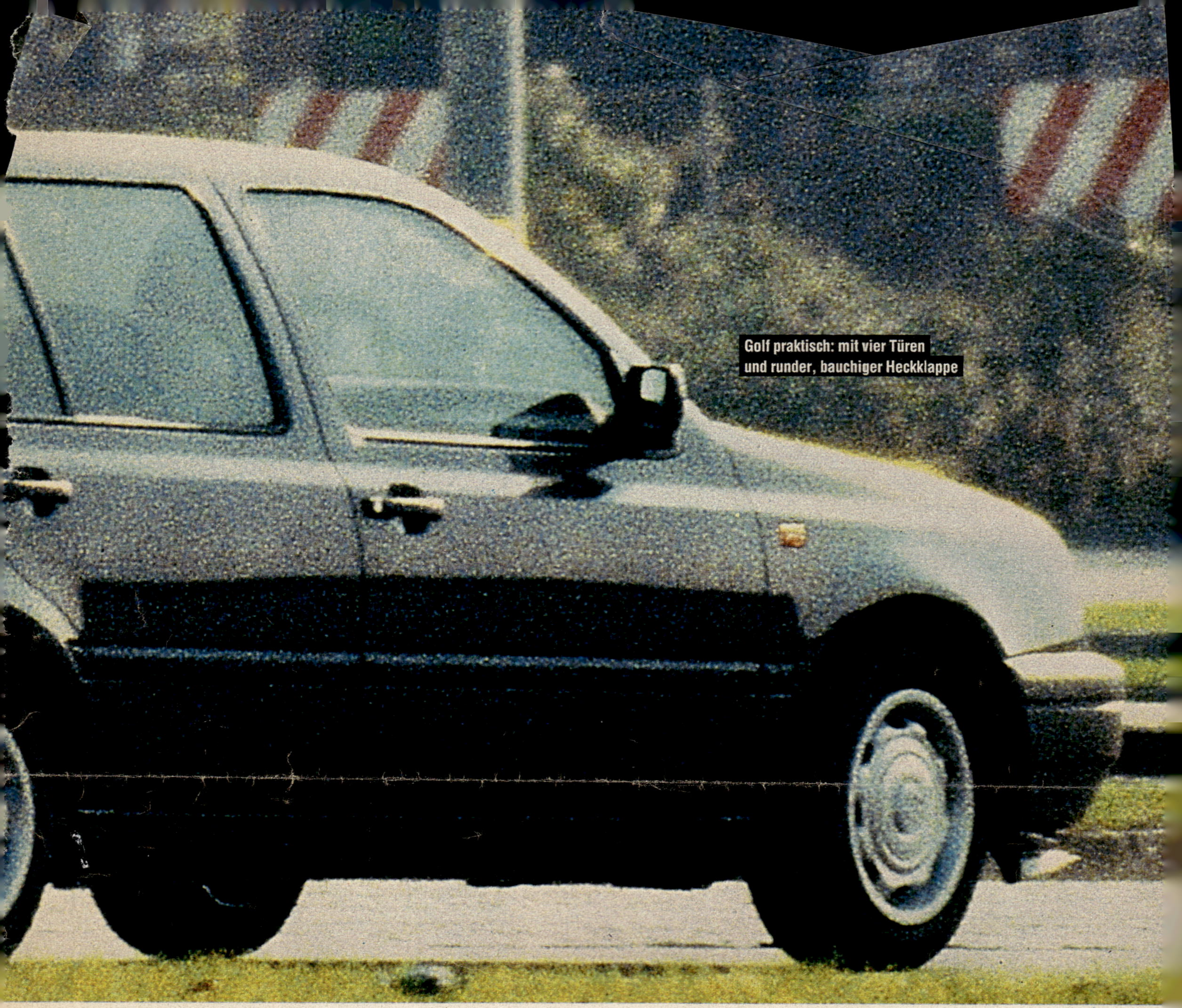

Golf praktisch: mit vier Türen und runder, bauchiger Heckklappe

Variant wird es nur in viertüriger Ausführung geben, dazu in zwei Ausstattungen: als CL (einfach) und GL (luxuriös). In der GL-Version wird die Laderaummatte herausnehmbar und abwaschbar sein. Insgesamt hat der Golf Kombi 520 kg Nutzlast. Das ist Mercedes-Maßstab oder die Nutzlast japanischer Minibusse. Der Golf Variant erhält das typische Golf-Gesicht mit den charakteristischen ovalen Scheinwerfern.

Motoren ab 1,4 Liter/60 PS bis hinauf zum 2,0-Liter-115-PS-Vierzylinder (dazu Diesel) werden den Variant antreiben. Die GTI-Triebwerke und der Sechszylinder bleiben allerdings der Golf-Schrägheck-Limousine vorbehalten. Die Höchstgeschwindigkeiten liegen zwischen 155 km/h und 180 km/h, bei einem Durchschnittsverbrauch zwischen 7,0 und 8,5 Liter/100 km.

Die Preise: von 22500 bis zu 30000 Mark. Geplant ist für später sogar eine allradgetriebene Version „Golf Variant syncro“ mit Luxusausstattung für etwa 42000 Mark.

Mit dem Kombi hat VW noch nicht alle Pfeile aus dem Golf-Köcher verschossen. Ebenfalls 1993 wird der neue Golf als viersitziges Cabrio erscheinen, und ab 1994 wird es ihn sogar als kleinen Pritschenwagen „Caddy“ geben.

Bis hierher geht der normale VW Golf (Schrägheck)

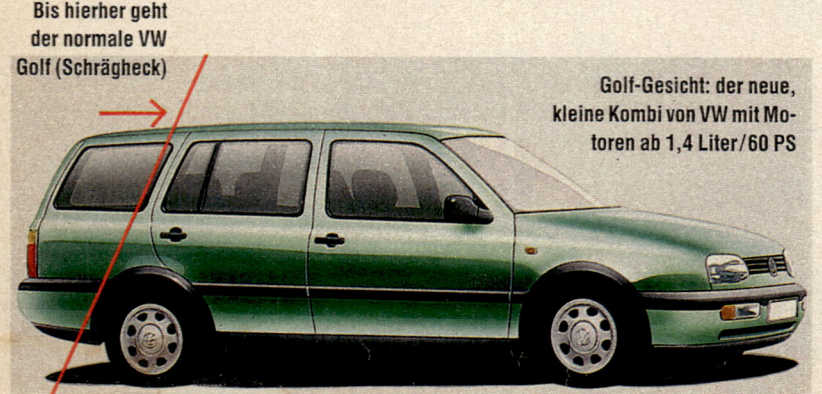

Golf-Gesicht: der neue, kleine Kombi von VW mit Motoren ab 1,4 Liter/60 PS

KAPITEL 2

MILCHPRODUKTE UND KÄSE

◆ *Shultza, der Hirte, weidet seine Ziegenherden im Norden des Landes. Aus ihrer Milch entsteht ein reichhaltiger, fetter Käse.*

In Binyamina, in einer schmalen, Cypress Road (Straße der Zypressen) genannten Passage, im Hinterzimmer der Shomron-Molkerei, einem von herrlichen Düften erfüllten Raum mit einem Namen, der wie Musik klingt, zerschneidet Moshe Bachar mit einem kleinen, schaufelähnlichen Messer ein glänzend braunes Rad türkischen *Kachkavels*. Er benutzt das Messer wie einen Keil, zerlegt den großen, feuchten, mit Schimmel bedeckten Laib in zwei ungleiche Teile, beugt sich nieder und betrachtet das Produkt. »Horef«, sagt er, »Winter.« Abu-Mussa, ein Araber, der sich seinen Lebensunterhalt damit verdient, Jahr für Jahr Tausende von *Kachkavel*-Rädern abzuklopfen, nickt zustimmend.

Er klopft den Käse mit einem winzigen Stahlhammer ab und lauscht aufmerksam, ob sich im feuchten Inneren vielleicht unerwünschte Löcher gebildet haben. »Zu weiß, nicht strohgelb«, erklärt er und weist damit auf die Farbe hin, die der Käse hätte, wenn man die Ziegen, von denen die verwendete Milch stammt, mit dem leuchtendgrünen Gras und der Luzerne des Sommers gefüttert hätte.

Moshe Bachar ist in Israel geboren und in der dritten Generation Käser. Das große, 20 Kilo schwere Käserad von 1988 wurde aus der Milch von Ziegen hergestellt, die Winterfutter gefressen hatten. Es ist deshalb ein Winterkäse, zu weiß, zu jung und etwas zu scharf, um als Dessert zu Rotwein angeboten zu werden. Aber es ist ein perfekter Käse für Gemüsegerichte und zum Reiben über Nudelgerichte.

Ein Käse aus dem Jahre 1987, selten, weil die Nachfrage so groß ist, daß Bachar seinen Käse nicht angemessen und in Würde altern lassen kann, wird als eine »etwas ältere Schwester« bezeichnet. Sein Inneres weist einen leichten Gelbton auf, und er ist etwas feuchter, was auf mehr Stil und »Erziehung« hindeutet. Er entstand aus der Milch, die die Ziegen im Frühling gegeben haben. Bachar vergißt seinen Groll über den jungen, rastlosen *Kachkavel* und kostet ein Stückchen von der älteren Schwester. Sie verdient ihre Bezeichnung in der Tat. Man beachte die goldene Farbe und die unregelmäßigen Rillen, die sich wie Adern durch das Innere ziehen. »Wie Seide«, haucht Bachar.

Kachkavel ist auch als *Kasseri* bekannt und in den Augen der Menschen von Binyamina ein Aristokrat, der König der Käse sozusagen, der auch heute noch, wie vor hundert Jahren, mit der Hand und mit Liebe hergestellt wird. Man produziert ihn auch in einigen Dörfern auf den Golanhöhen, drusischen Dörfern, in denen er ebenfalls eine lange Tradition hat. Ihr *Kachkavel* ist stärker und schär-

◆ *Shultza mit seiner Herde an einem Wasserloch.*

◆ *Der an der Straße gelegene Ein-Kamonim-Gasthof in Obergaliläa bietet zu einem Festpreis ein Menü mit verschiedenen Käsesorten, Landbrot, Gemüse, hausgemachtem Wein, Pickles, Essig und Oliven an. Im Winter brennt im Kamin ein gemütliches Feuer.*

◆ *Frischer Ricotta,*
noch im Tuch und
noch feucht von
Molke, in der Shom-
ron-Molkerei in
Binyamina.

fer als der von Bachar. Die Einwohner von Binyamina sind stolz auf die Erdbeeren, Orangen und Zucchini, die auf den fruchtbaren Feldern rund um ihre Stadt wachsen. Am stolzesten aber sind sie auf ihren Käse. Die Ziegen werden importiert und gehalten, um möglichst große Mengen der reichhaltigen Milch zu geben, aus der dieser Käse entsteht. Die Herstellung von Käse gilt in Binyamina als Berufung und als eine Kunst, die vom Vater an den Sohn und von der Mutter an die Tochter weitergegeben wird. Die Molke, ein Nebenprodukt der Käseproduktion, wird an die Kühe von Binyamina verfüt-

◆ *Ein Lastwa-gen liefert frühmorgens Milchproduk-te nach Tel Aviv.*

tert, und die Bewohner behaupten, ihr Rindfleisch sei nur deshalb so hervorragend, weil die Milch so reichhaltig sei.

Bevor man mit der Käseproduktion beginnen kann, braucht man zwei Milchlieferungen, die sorgfältig vermischt werden müssen. Man beginnt ungefähr um fünf Uhr morgens und hört um die Mittagszeit auf. »Und das 365 Tage im Jahr«, bemerkt Bachar, »denn Ziegen kennen leider keinen Feiertag.«

Die abendliche Milchlieferung trifft ein, wird in niedrige, blitzsaubere Stahltanks gefüllt und über Nacht stehengelassen. Sie teilt sich in den schweren Rahm, der auf den Boden des Tanks sinkt, und in den leichteren Milchschaum. Am nächsten Morgen wird dieser Schaum, der praktisch kein Fett enthält, abgegossen und in kupfernen Kochkesseln mit der am Morgen gelieferten frischen Vollmilch vermischt. Dies ist eine anstrengende Arbeit. Jeder Kupferkessel faßt 1100 Liter, und obwohl man dazu auch riesige Rührgeräte verwenden kann, machen die Käser einen Teil der Arbeit lieber mit der Hand – sie möchten die Milch spüren und fühlen. »Das ist unsere Art, unseren Käse zu unserem ureigenen Produkt zu machen«, erklärt Bachar.

Nun setzt man der Milchmischung einen Teil der Molke vom Vortag zu und entfacht das Feuer unter den Kesseln. Bachar erklärt, daß die Molke reichlich

Milchsäure enthält, ein perfektes Mittel, um den Reifungsprozeß in Gang zu setzen. Während die Milch auf 35° C erhitzt wird, liest Abu-Mussa die Temperatur an einem speziellen, in die Milch gesteckten Thermometer ab. Sobald die richtige Temperatur erreicht ist, schaltet man die Hitzezufuhr ab und setzt jedem Kessel etwas Lab zu. Dieses aus dem Magen von Kälbern stammende Ferment läßt die Milch gerinnen. Und so geht es immer weiter – von der frischen Milch bis hin zum fertigen Käse. Vor kurzem jedoch, als Bachars Käse noch Zeit hatten, in Würde zu altern, lebten die meisten Israelis von frischem Weißkäse.

◆ *Kühe auf ihrer grünen Winterweide bei Binyamina.*

Dies war der einzige Käse, den man herstellte, er wurde nie alt und hatte auch keinen besonderen Geschmack und kein nennenswertes Aroma. Er wurde einfach aufs Brot gestrichen, in der Küche oder für Kuchen verwendet. Er enthielt fünf bis neun Prozent Fett, und allein die Frische war seine Stärke. Das einzige Milchprodukt, das einen gewissen Reifeprozeß durchgemacht hatte, war *Labaneh*, ein arabisches Erzeugnis aus geronnenem Joghurt. *Labaneh*, eine dicke, nach Zitrone schmeckende Paste, wird traditionell in mit Olivenöl gefüllten Glaskrügen aufbewahrt, in denen sie sich auch ohne Kühlung lange frisch hält. Niemand rieb früher Käse – es gab nämlich keinen Käse, den man reiben konnte. Und niemand kam auf die Idee, bei einer Mahlzeit Käse als eigenständigen Gang zu servieren.

Wie in anderen Bereichen der israelischen Küche kamen auch hier neue Impulse aus dem Ausland. Auf die veränderte Nachfrage reagierte man mit neuen Produkten. Wir kennen nun schon seit ungefähr zehn Jahren gereiften Käse, aber Edelpilzkäse gilt immer noch als verdächtig – es sei denn, man versteckt ihn in einem Dip. Erst kürzlich haben wir damit aufgehört, neuen Käse zusammen mit Wein vorzustellen, aber wir haben immer noch nicht gelernt, alle kulinarischen Möglichkeiten von Käse voll auszuschöpfen. Natürlich verbietet das jüdische

Speisegesetz das Mischen von Milch und Fleisch, und so kommt eine Zubereitung von Fleisch mit Butter oder Sahne für uns nicht in Frage. Dies ist auch der Grund, warum bei uns so wenig Milchprodukte zum Kochen verwendet werden. Man ersetzt Butter durch Margarine, und für Sahne gibt es Ersatzsahne.

Selbst im Zeitalter der Kühlschränke und der wohlgefüllten Regale in den Supermärkten erweisen sich eine enttäuschend hohe Zahl »neuer« Angebote lediglich als alte Produkte unter anderem Namen. Viele Arten von Cremekäse sind im Grunde eigentlich gar kein Käse, sondern Dips, in denen weißer Käse mit verschiedenen Aroma- und Farbstoffen vermischt wurde. Glücklicherweise sind jedoch viele Menschen mit diesem Pseudokäse nicht einverstanden. Es gibt Bauernhöfe mit kleinen Milchviehherden, die echten Käse herstellen, und wir

verfügen heute über eine respektable Auswahl an Brie-, Ziegen- und Cheddarkäse und sogar über Ricotta und Mozzarella. Diese können es zwar keineswegs mit den Originalprodukten aufnehmen, sind aber recht ordentlich. Kostet man sie und stellt dabei keine langen Vergleiche an, so kann man durchaus zufrieden sein.

◆ *Große Kachkavel-Räder trocknen in der Shomron-Molkerei von Binyamina. Der gelbe Hartkäse ist auch unter dem Namen* Kasseri *bekannt.*

MILCHPRODUKTE UND KÄSE

◆ *Serviert man* La-baneh, *so handelt es sich mit Sicherheit ums Früh-stück. Denn* Laba-neh *mit Olivenöl,* Za'atar *und Scha-lotten ist eine typi-sche Morgenmahl-zeit.*

Rezepte

GEGRILLTE PAPRIKASCHOTEN MIT JOGHURT

3 rote Paprikaschoten, der Länge nach halbiert
und entkernt
200 g Pecannüsse, geschält und halbiert
Öl
600 ml dicklicher, einfacher Joghurt
2 Teelöffel Salz
(4 Portionen)

Die Paprikaschoten mit etwas Öl bepinseln und unter dem vorgeheizten Grill weich werden lassen. Pecannüsse in etwas Öl goldbraun rösten und auf Küchenpapier abtropfen lassen. Salz in den Joghurt rühren.
Für ein herzhaftes »Hirtenfrühstück« die Paprikaschoten auf den Joghurt legen und das Ganze mit Minze und Nüssen bestreut servieren.

KALTE GURKEN-JOGHURT-SUPPE

1 große Gurke
600 ml einfacher Joghurt
100 ml frisches Tomatenmark oder -püree
1 Knoblauchzehe, sehr fein gehackt
1 Prise gemahlener Koriander
frisch gehackte Minze und Paprikapulver zum
Garnieren

Gurke waschen, aber nicht schälen, sondern grob hacken, mit Salz bestreuen und 30 Minuten ziehen lassen, damit ein Großteil des bitteren Geschmacks verlorengeht. Gurke abspülen und abgießen und zusammen mit den übrigen Zutaten im Mixer pürieren.
Die Suppe gut gekühlt, mit Minze und Paprika bestreut, servieren.

◆ *Rote, über offenem Feuer gegrillte Paprikaschote mit Joghurt, gehackter Minze und Pecannüssen.*

KÄSE-PLINSEN
Pfannkuchen mit Käsefüllung

TEIG
100 g Mehl
1 Eßlöffel Zucker
1/4 Teelöffel Salz
225 ml Milch
4 große Eier, leicht verschlagen
1 Teelöffel ungesalzene Butter, weich oder zerlassen
2 Eßlöffel (40 g) Butter zum Braten

KÄSEFÜLLUNG
350 g Schichtkäse
450 g Cremekäse
2 große Eidotter
175 g Zucker
1/2 Teelöffel Salz
1/2 Teelöffel Vanillezucker
1 Teelöffel abgeriebene Zitronenschale
60 g ungesalzene Butter
450 ml saure Sahne
500 g Erdbeeren

Teigzutaten mit dem Mixer zu einem geschmeidigen Teig verarbeiten und diesen 10 Minuten kühl stellen. Eine kleine Antihaftpfanne mit etwas Butter auspinseln und erhitzen. 2 Eßlöffel Teig hineingeben und die Pfanne so drehen, daß er sich gleichmäßig verteilt. Sobald der Teig fest geworden ist, den Pfannkuchen mit einem Spatel auf einen vorgewärmten Teller geben. Auf diese Weise alle Pfannkuchen backen.
Füllungszutaten vermischen und auf jeden Pfannkuchen 2 Eßlöffel Füllung setzen. Die Enden darüberschlagen und den Pfannkuchen aufrollen. Vor dem Servieren pro Person 2 Pfannkuchen 2 Minuten lang von jeder Seite braten, die Nahtseite zuerst. Pfannkuchen mit saurer Sahne, Erdbeeren und eventuell Hagelzucker servieren.

LABANEH-KÄSEBÄLLCHEN

2 Teelöffel Salz
1 l einfacher Joghurt aus Schafsmilch
Olivenöl
grob gemahlener schwarzer Pfeffer
zerbröselte, getrocknete Minze oder
Paprikapulver

Salz und Joghurt verrühren und von der in ein Leinentuch gewickelten Masse über einer Schüssel 48 Stunden überschüssige Feuchtigkeit abtropfen lassen. In dieser Form kann man *Labaneh* als Brotaufstrich essen, bestreut mit etwas frischer Minze oder wildem Thymian. Oder man kann ihn für den unten beschriebenen Salat verwenden.

Käse in den Kühlschrank geben, aus der Masse dann pflaumengroße Kugeln formen und diese mit einem Zweig Rosmarin und 1 bis 2 getrockneten Chilis in Olivenöl einlegen. Vor dem Servieren Käsebällchen aus dem Öl nehmen, abtropfen lassen und in Pfeffer und Minze oder Paprikapulver wenden.

LABANEH-GURKEN-SALAT

225 g Labaneh *(Rezept oben)*
2 Eßlöffel Milch
4 kleine Gurken, ungeschält und fein gewürfelt
2 Knoblauchzehen, zerdrückt
1 Teelöffel getrocknete Minze
Salz
1 Eßlöffel Olivenöl

Käse und Milch zu einer geschmeidigen Masse verarbeiten, Gurke, Knoblauch, Minze und Salz zugeben und alles gut vermischen. Olivenöl untermengen und das Ganze als *Mezze*-Gericht zu warmem *Pita*-Brot servieren.

◆ *Für das Vorrats-*

regal: in Oliven-

öl eingelegte La-

baneh-Bällchen

mit Rosmarin

und Chilis.

SAMBUSAK
Mit Käse gefüllte Hörnchen

TEIG
80 g zerlassene Butter
80 g Oliven- oder anderes Öl
80 g Wasser
1 Teelöffel Salz
225 g Mehl
1 Eidotter oder Milch zum Bestreichen
1 Teelöffel Sesamsamen

KÄSEFÜLLUNG
225 g Weißkäse (am besten eignet sich Feta)
Pfeffer
1 hartgekochtes Ei, gewürfelt
(Ergibt ungefähr 20 Stück)

Für den Teig Butter, Öl, Wasser und Salz in einer Schüssel mischen. Mehl eßlöffelweise zugeben und alles gut und klumpenfrei verrühren. Sobald sich der Teig vom Schüsselrand löst und zu einer weichen Kugel formen läßt, hat er die richtige Konsistenz. Backrohr auf 190° vorheizen.

Für die Füllung einfach alle Zutaten verrühren. Walnußgroße Teigstücke abstechen und zu Kreisen mit ca. 8 cm Durchmesser ausrollen. Je einen Teelöffel Füllung auf je einen Kreis setzen, Teig darüberschlagen und die Enden mit Daumen und Zeigefinger festdrücken. Vorsicht: Die Füllung dehnt sich beim Backen aus, also keinesfalls zuviel davon verwenden!

Die Hörnchen nebeneinander auf ein gefettetes Backblech setzen, mit Eidotter oder Milch bepinseln und mit Sesam bestreuen. Ca. 30 Minuten goldbraun backen.

KALTSCHALE MIT KAROTTEN UND SAURER SAHNE

3 Eßlöffel Butter
1 Zwiebel, grob gehackt
1 Knoblauchzehe
900 g Karotten, in Scheiben
je 1/2 Eßlöffel gemahlene Kurkuma,
Koriander, Ingwer und Chilipulver
560 ml Gemüsebrühe
590 ml saure Sahne
225 g einfacher Joghurt
knapp 1/2 Teelöffel Salz
Schnittlauchröllchen zum Bestreuen

Butter, Zwiebel, Knoblauch, Karotten und Gewürze in einen Dampfkochtopf geben und 10 Minuten dünsten. Brühe angießen und das Ganze im geschlossenen Topf 15 Minuten köcheln. Auskühlen lassen und durch ein feines Sieb streichen. Saure Sahne, Joghurt und Salz untermischen und die Suppe in den Kühlschrank stellen. Vor dem Servieren mit Schnittlauchröllchen bestreuen.

◆ Sambusak-*Hörnchen ergeben eine* herzhafte Mahlzeit. Feta verleiht *ihnen einen würzigen Geschmack,* und man taucht *jeden Bissen vor* dem Essen in Za'atar, *eine Mischung aus Ysop* und Gewürzen.

◆ *Frische* Sambusak-*Hörnchen* direkt aus dem *Ofen einer der* vielen kleinen *Bäckereien in* Jaffa.

GEBACKENER ZIEGENKÄSE MIT MINZESALAT

350 g Ziegenkäse am Stück, gut gekühlt
Mehl
1 Ei, leicht verschlagen und mit Thymian
und Muskat gewürzt
Öl
Knoblauch
1 kleine Zwiebel, fein gehackt
1 Eßlöffel Olivenöl
1 Eßlöffel Weinessig
1 Schuß Tabascosauce
6 gehäufte Eßlöffel frisch gehackte Minze

Käse in Scheiben schneiden und diese zuerst in Mehl, dann in Ei und zum Schluß nochmals in Mehl wenden. Öl in einer Pfanne erhitzen, bis es zu rauchen beginnt, und die Käsescheiben darin auf beiden Seiten goldbraun backen.

Eine Schüssel mit Knoblauch ausreiben und darin die gehackte Zwiebel, Olivenöl, Essig, Tabasco und Minze vermischen. Diese Mischung auf 4 Teller verteilen und die Käsescheiben daraufsetzen.

◆ Schafe weiden in der Nähe von Harduf im Norden Israels unter einem Olivenbaum.

KÄSEKUCHEN MIT AVOCADO UND ORANGEN

Ungewöhnlich, aber äußerst delikat

200 g Grahamcracker
50 g zerlassene Butter
3 Orangen
1 große Avocado
Saft einer halben Zitrone
75 g Cremekäse
2 Eier, geteilt
150 ml saure Sahne
15 g Gelatine
2 Eßlöffel Zucker
(Ergibt 12 große Stücke)

Cracker zerdrücken und mit der zerlassenen Butter mischen. Mit der Masse den Boden einer Kuchenform von 18 cm Durchmesser auslegen. Schale einer Orange abreiben, die Frucht in Segmente teilen. Saft der anderen Orangen auspressen. Einige Avocadoscheiben in Wasser legen, dem etwas Zitronensaft zugesetzt wurde – so werden sie nicht dunkel.

Mit dem Mixer restliches Avocadofleisch, Zitronensaft, Käse, Eigelb, Sahne, Orangenschale und Orangensaft verrühren. Gelatine in etwas Wasser einweichen und unter die Masse rühren. Eiweiß mit Zucker zu steifem Schnee schlagen und unterziehen. Die Masse in die Kuchenform geben, mit Orangen und abgetropften Avocadoscheiben belegen. Den Kuchen im Kühlschrank kühl und fest werden lassen.

◆ Gebackener Ziegenkäse mit Minze.

GRIECHISCHER SALAT

Verwendet man dafür Wassermelone und
Feta, so erhält man ein typisch israelisches
Gericht

1 Kopf römischer oder Eissalat
4 Gurken
4 große Fleischtomaten
1 Zwiebel, geschält
Salz und Pfeffer zum Abschmecken
Weinessig
Olivenöl
300 g Feta
1 Teelöffel getrockneter Thymian
schwarze Oliven zum Garnieren

Gemüse waschen, Salat und alle übrigen Zutaten, außer der Zwiebel, in ca. 2,5 cm große Würfel schneiden. Gurken ungeschält verwenden. Zwiebel in Ringe schneiden. Salat auf 4 Schüsseln verteilen und das übrige Gemüse darübergeben. Mit Salz, Pfeffer, Essig und Öl abschmecken. Käse würfeln und darauflegen. Mit Zwiebelringen und Thymian bestreuen und jede Portion mit 4 bis 5 schwarzen Oliven garnieren.

◆ *Salat mit Feta –*

die israelische

Version des be-

kannten griechi-

schen Salates.

◆ *Eine leckere Erfri-*

schung: Eine Scheibe

süße, saftige Wasser-

melone harmoniert

perfekt mit Feta und

schwarzen Oliven.

KAPITEL 3

FISCH

◆ *Der Forellenzüch-*
ter Yuki hält sei-
ne Fische in den
bewegten Fluten
des Banyas. Das
kalte, klare Was-
ser stammt von
der Schneeschmel-
ze im Hebron-
gebirge.

Kein Mensch, der jemals fangfrische Mittelmeerfische vom Holzkohlengrill gegessen hat, wird je
wieder den Duft und das Aroma vergessen. Eigentlich sind diese Fische ja denen, die man vor Boston,
vor Le Havre oder vor Hydra fängt, ziemlich ähnlich. Und – um der Wahrheit die Ehre zu geben – im
Vergleich zu anderen Mittelmeerregionen ist das
Angebot in den israelischen Hoheitsgewässern
nicht gerade üppig. Aber die intensive, direkte Hitze eines offenen Feuers, der nussige Duft des
Rauchs und die knackige Haut eines derart zuberei-
teten Fisches machen eben doch einen Unterschied.
Fisch vom Holzkohlengrill kann man in über tau-
send Restaurants zwischen Alexandria und Athen,
zwischen Algier und Istanbul bekommen.

◆ *Bootsanlege-*

stelle im

Hafen von

Akko, einer

der bibli-

schen Städ-

te Israels.

Aber der aus Jaffa schmeckt einfach einzigartig. Hier braucht man außer Fisch nur einen Hauch Knoblauch, etwas Zitronensaft und ein wenig Paprika – und fertig ist eine Delikatesse.

Fährt man die frisch instand gesetzte Küstenstraße von Tel Aviv nach Süden, so tauchen bald die Mauern des alten Jaffa auf, die sich aus dem stillen Meer erheben. In Jaffa scheint die Zeit stillgestanden zu sein, und die Stadtplaner halten sich auch weiterhin zurück. Denn Jaffa strahlt die Ruhe und die Würde einer alten Stadt aus, die man am besten ungestört läßt.

Vor einigen Jahren ging hier ein Fischer mit Namen Benny Raba an Land und eröffnete ein Fischrestaurant. Er ist klein und untersetzt, und nichts erinnert heute mehr an den schlanken, strammen Burschen, der einst aufs Meer hinausfuhr. Aber in den Jahren, die er an Land verbracht hat, ist Benny zu einem wandelnden Statussymbol geworden. Er fährt einen nagelneuen Mercedes mit Autotelefon, schmückt sich mit goldenen Armbändern und Ketten und hält an sei-

nem Tisch, von dem aus er das Meer sehen kann, hof. Am liebsten erzählt Benny von seinen Tagen auf See, als diese noch ungebändigt und die Fische noch fett waren. Jedes seiner Worte unterstreicht er dabei mit lebhaften Gesten seiner rundlichen, ledrigen Hände. Und während er die Vergangenheit wiederaufleben läßt, deckt ein aufmerksamer Kellner den Tisch mit *Mezze.* Vor den Augen des Gastes erscheinen kleine farbenfrohe Platten mit Appetithappen wie *Humus, Tahini, Labaneh, Tabbouleh* Auberginenpüree, Pickles, roten Chilis und anderen Gaumenfreuden. Benny schiebt seinen Gästen einen Teller voll fettglänzender Oliven zu, beschwört sie, doch eine zu kosten, und wartet gespannt auf ihr Urteil. Die Oliven sind fleischig und schmackhaft und harmonieren hervorragend mit den feuchten Feta-Würfeln.

Bennys Spezialität ist jedoch frischer Fisch. Er zeigt auf die Augen eines Exemplars und erklärt: »Man erkennt frischen Fisch an den Augen!« Seine Fische sind kompakt und von leuchtender Farbe und fallen beim Fritieren nicht auseinander. Denn Benny fritiert Fische auch weiterhin – auch wenn diese Zubereitungsmethode in Israel schon längst aus der Mode ist. Denn warum einen Fisch fritieren, wenn man sich an seinem ganzen Anblick erfreuen kann? An fast jeder Ecke sieht man einen glühenden Holzkohlengrill – wäre es da nicht geradezu eine Sünde, Fisch zu zerstückeln und zu fritieren?

Wenn er Lust hat und es im Restaurant ruhig ist, bindet sich Benny eine Schürze um und geht in die Küche. Mit einem Beil zerteilt er eine Meeräsche in mundgerechte Bissen, die er auf Spieße steckt und über dem offenen Feuer grillt. Vor dem Servieren flambiert er sie dann mit Arrak, dem einheimischen Ersatz für Ouzo oder Pernod.

Echt ethnische Fischrestaurants sind in Israel relativ neu. Denn noch bis vor kurzem waren die Israelis, was den Fisch anging, sehr konservativ. Über Generationen hinweg waren Fischgerichte zwar ein fester Bestandteil eines jeden Festtagsmahls. Aber dabei handelte es sich um eine undefinierbare, zusammengepreßte Masse mit Namen Gefillte Fisch. Der Geruch war zwar da, und man konnte auch etwas vom Geschmack erahnen – aber das Gericht war eigentlich nichts anderes als eine weitere, unter einer dicken Saucenschicht verborgene Pastete. Die aus Polen stammenden Juden pflegten beispielsweise ihren Fisch mit einer gallertartigen Sauce aus Zucker und Mandeln zu bedecken. Und zerdrückte man einen Fisch einmal nicht zu Brei, der dann unter einer dicken Saucenschicht verschwand, so dünstete man ihn mit Gemüse und Gewürzen im Rohr. Und wenn der arme Fisch dann endlich auf den Tisch kam, zerkocht und zerfallen, so bestanden die fürsorglichen Ehefrauen darauf, daß ihre Männer den Kopf aßen. Und da es sich bei dem in der jüdischen Küche am meisten verwendeten Fisch um den unsäglichen, gefährlichen Karpfen handelte, gehörten lautes Husten und Grätenspucken ebenso zu jedem Festmahl wie das Gericht selbst. Heute haben wir jedoch gelernt, daß der Karpfen keineswegs der einzige genießbare Fisch ist, und man spürt allenthalben die Erregung über diese neue Entdeckung. Die Menschen lernen die Namen einheimischer Fische und nehmen sie mit zuneh-

◆ *Fischer beim Flikken eines Netzes, das von den Felsen vor Jaffa zerrissen wurde.*

◆ *Bei der Rückkehr von einer frühmorgendlichen Fahrt präsentiert Benny stolz einen Palamida. Dieses Prachtexemplar von einem Fisch wird in große Steaks zerteilt.*

Das Sortieren der Forellen nach Größe ist eine harte und schwierige Arbeit. Die Fische werden in verschiedene Tonnen verteilt, gewogen und wieder ins Wasser entlassen.

mendem Vertrauen auch selbst in den Mund. Sie können einen frischen von einem alten Fisch unterscheiden, ein saftiges Exemplar von einem Haufen Haut und Gräten, der sich unter der Bezeichnung Fisch verbirgt. Zu den Neuentdeckungen gehören auch die Forellen. Im Norden des Landes, in Galiläa, gibt es zahlreiche Forellenzuchten. Die Züchter speisen ihre Teiche aus dem kalten, bewegten Wasser der Flüsse Dan und Banyas, die vom Hermongebirge in den See Genezareth fließen und während der Schneeschmelze im Frühling ziemlich reißend sind. Heute wachsen die israelischen Forellen in ihren Teichen und Becken unter strenger, wissenschaftlich fundierter Kontrolle zu beachtlichen Exemplaren heran. Sie werden entweder vor Ort verkauft oder einmal pro Woche in die größeren Städte des Landes transportiert.

Forellen werden immer beliebter und sind in gewisser Weise die idealen Fische für Anfänger – sie schmecken nicht zu intensiv nach Fisch, haben nicht zu viele Gräten und sind leicht auszunehmen und zuzubereiten. Sie wirken attraktiv, lassen sich gut verkaufen und stellen eine willkommene Alternative zu den einheimischen Meeräschen, Meerbarben und Brassen dar.

Es grenzt eigentlich schon an ein kleines geographisches Wunder, daß ein so kleines Land wie Israel über vier als fischreich geltende Gewässer verfügt: das östliche Mittelmeer, das Rote Meer, den See Genezareth und das Tote Meer. Ökologischer Mißbrauch und Unachtsamkeit machten jedoch die beiden letztgenannten unfruchtbar. Das Tote Meer liefert mit Ausnahme von Salz keine Nahrungsmittel, und im See Genezareth gibt es nur noch wenige oder gar keine Fische mehr – selbst der berühmte St.-Peter-Fisch wird heute in Fischteichen gezüchtet. Früher lagen die bedeutendsten Fischgründe des Roten Meeres vor den Küsten des Sinai. Aber seitdem das Gebiet an Ägypten zurückgegeben wurde,

◆ *Das Tote Meer*

◆ *Elat am Roten Meer ist die südlichste Region Israels. Nach der Rückgabe des Sinai an Ägypten kommen zahlreiche Touristen hierher.*

◆ Das für seine
Heilkräfte be-
rühmte Tote
Meer zieht
Menschen aus
aller Welt an.
Ein Tag im
Schlammbad
tut der Haut
besonders
wohl.

◆ Eli Avivi ist
das selbst-
ernannte Ober-
haupt des »Staa-
tes« Akhziv.
Auf diesem wei-
ßen Sand-
strand, der sich
die Mittelmeer-
küste entlang-
zieht, liegt auch
ein Club-Med-
Dorf.

◆ In Hamat Gader, einem Kibbuz auf dem Golan, züchtet man Krokodile, hauptsächlich für den Export. Außerdem plant man ein auf das Fleisch dieser Reptilien spezialisiertes Restaurant.

◆ Da auf dem Roten Meer Hochseefischerei verboten ist, jagen viele Taucher mit Netzen anstatt mit Luftgewehren.

können die Israelis dort nicht mehr fischen. So deckt das Land seinen Bedarf an Fisch heute aus Zuchtteichen und durch Hochseefischerei im Mittelmeer.

Für all die Genießer, die die allgegenwärtigen tiefgefrorenen Meerbarben und Meeräschen nicht mehr sehen können, hält das Mittelmeer eine ungewöhnlich reichhaltige Auswahl an Fischen bereit. Entlang der israelischen Küste hat sich ein neuer Sport entwickelt, der im Sommer fast schon zu einer Manie wird – man fängt und ißt so gut wie alle Arten von Meeresfrüchten. Raba betrachtet dieses Treiben voll Zorn. »Im Sommer«, so sagt er, »ist das Meer viel zu warm, und die Fische sind praktisch gekocht, wenn man sie herausholt. Um im Sommer einen guten Fang zu machen, muß ein Fischer sehr weit hinausfahren. Und dies tun nur die wenigsten. Warum in aller Welt verbinden die Israelis bloß Fisch mit Sommer?« fragt er bitter.

Wer einen Fischer oder den Besitzer eines Fischrestaurants zum Freund hat, kommt auch an seltene Delikatessen heran, die alle den unvergleichlichen Jodgeschmack des Meeres haben. Für stärkere Mägen gibt es Fächermuscheln und sehnigen Kalamar. Konservative bevorzugen die helle Meeräsche, die man weder schuppen noch ausnehmen muß und mit duftenden Kräutern grillt. Der Barsch, der, versteckt in einer tiefen Felsspalte, enorme Ausmaße erreichen kann, zeichnet sich durch einen besonders feinen Geschmack aus, während der *Palamida* oder kleine Tintenfisch zu den schönsten Mittelmeerfischen gehört und wesentlich delikater schmeckt als sein großer Verwandter.

Allen Mittelmeerländern sind ähnliche Rezepte für die Zubereitung von Meeresfrüchten gemeinsam. So behaupten beispielsweise die Griechen, die berühmte *Bouillabaisse* sei ursprünglich eine kräftige Fischersuppe bzw. ein nahrhafter Eintopf gewesen. Und das ist sie in Jaffa bis heute geblieben. In Israel dünstet man Fisch mit oder ohne Gemüse, brät ihn ganz oder in Scheiben oder bereitet ihn auf dem Holzkohlengrill zu und serviert ihn mit verschiedenen Saucen. Man schmort ihn, ähnlich wie *Hreimeh*, oder verarbeitet ihn zu Frikadellen oder Pasteten, die in einem schmackhaften Sud gegart werden. All diese Zubereitungsmethoden lassen sich auf die meisten einheimischen Fischarten anwenden.

$\mathcal{F}$ISCH

◆ Mousht, *St.-Peter-Fisch, ist der be-kannteste Fisch Israels.*

$\mathcal{R}ezepte$

MEERÄSCHE MIT ORANGENBUTTER

900 g sehr frische Meeräsche
Schale und Saft von 900 g Orangen
Salz und Pfeffer zum Abschmecken
1 Prise scharfes Chilipulver
1 Knoblauchzehe, zerdrückt
1 Teelöffel Zucker
2 Eßlöffel Weißwein
Mehl
eine Mischung aus Butter und Öl zum Braten
225 g ungesalzene Butter, zerlassen

Kleine Meeräschen einfach nur waschen. Fische, die mehr als 75 g wiegen, schuppen und ausnehmen. Orangenschalen in sehr feine Streifen schneiden, 2 Minuten in kochendem Wasser blanchieren und abgießen. Orangensaft in einen Topf geben. Salz, Chilipulver, Knoblauch, Zukker, Wein und Orangenschalen zugeben und das Ganze dünsten, bis die Hälfte der Flüssigkeit eingekocht ist.

In der Zwischenzeit Fische trocken tupfen, mit Salz und Pfeffer bestreuen und in Mehl wenden. Überschüssiges Mehl abklopfen. Butter-Öl-Mischung in einer Pfanne erhitzen, bis sie zu rauchen beginnt, danach die Fische darin fritieren. Damit sie schön knusprig werden, nie zu viele Fische auf einmal in die Pfanne geben. Fische ca. 5 Minuten auf jeder Seite braten (hängt von ihrer Größe ab), sofort auf Küchenpapier abtropfen lassen und auf 4 vorgewärmte große oder 8 kleine Teller verteilen.

Orangensaft-Gewürz-Mischung vom Feuer nehmen, zerlassene Butter einrühren oder aber beide Zutaten in ein Glas füllen, dieses fest verschließen und so lange kräftig schütteln, bis eine fast transparente Sauce entstanden ist. Diese über die Fische geben und das Gericht servieren.

GEBRATENE MEERBARBE

3 oder 4 Knoblauchzehen
1 große, grüne Paprikaschote in feinen
Scheiben
4 Eßlöffel frisch gehackte Petersilie
Saft einer Zitrone
Salz und frisch gemahlener schwarzer Pfeffer
3 Eßlöffel Olivenöl
1 Zwiebel, in feinen Ringen
1 Meerbarbe von ca. 1,4 kg, geschuppt und
ausgenommen
Zitronenspalten zum Garnieren

Den Großteil des Knoblauchs sehr fein hacken und mit Paprika, Petersilie, Zitronensaft, Salz, Pfeffer und Öl vermischen. Die Mischung über die Zwiebelringe gießen, dabei jedoch einen Teil zurückbehalten, um das Innere des Fisches damit zu würzen.

Ein bis zwei nicht zu tiefe Schnitte auf jeder Seite des Fisches anbringen und den restlichen, sehr fein geschnittenen Knoblauch hineinstecken. Restliche Kräuter-Knoblauch-Mischung mit einem Löffel in den Fisch geben. Fisch auf ein Backblech legen und die Zwiebel-Kräuter-Knoblauch-Mischung darum herum verteilen. Das Ganze mindestens 30 Minuten an einem kühlen Ort durchziehen lassen. Dabei den Fisch einmal wenden, damit er von allen Seiten von der Marinade durchdrungen wird.

Backofen auf 190° vorheizen und den Fisch 30 Minuten braten. Ihn dabei mehrmals mit Flüssigkeit übergießen und einmal wenden. Sobald das Fleisch sich zu lösen beginnt, ist er gar. Fisch garniert mit Zitronenspalten und der Marinade als Sauce zu Tisch bringen.

◆ *Meeräschen*

in Orangen-

butter.

ZWEI SAUCEN FÜR GEGRILLTEN FISCH

Grillen ist in Israel die mit Abstand beliebteste Methode, Fisch zuzubereiten

ZITRONEN-KNOBLAUCHSAUCE

3 Eßlöffel Olivenöl
2 Eßlöffel Zitronensaft
3 Knoblauchzehen, gehackt
1/2 Teelöffel Salz
60 ml Wasser

Öl in einem kleinen Topf erhitzen. Zitronensaft, Knoblauch und Salz zugeben und 3 Minuten dünsten. Auskühlen lassen und kalt servieren.

ZWIEBEL-ZITRONEN-SAUCE

4 Eßlöffel Olivenöl
2 Schalotten oder Frühlingszwiebeln,
sehr fein gerieben
1/2 Teelöffel Salz
1 Teelöffel Essig
1 1/2 Teelöffel Harissa (Rezept S. 41)
100 ml Wasser

Zwiebel in Öl leicht anbraten. Salz, Essig und *Harissa* zugeben und gut verrühren. Wasser angießen und 3 Minuten dünsten. Auskühlen lassen und kalt servieren.

GANZER FISCH VOM SPIESS

1/2 Teelöffel Paprikapulver
4 Eßlöffel Koriandersamen
6 Kardamomschoten
1 Eßlöffel Anis oder Dillsamen
2 Zwiebeln, gehackt
2 Knoblauchzehen, zerdrückt
2 Eßlöffel frisch gehackte Minze
4 Eßlöffel frisch gehackte Petersilie
1 grüne Paprikaschote, entkernt und in feinen
Ringen
150 ml einfacher Joghurt, geschlagen
Saft einer Zitrone oder Limone
1,4 kg Fisch (Meerbrasse oder Meerbarbe), aus-
genommen, ohne Kopf und Schwanz
Salz und Pfeffer
60 g geklärte Butter
(6 Portionen)

Paprikapulver und Koriander in einer Pfanne anrösten und zusammen mit den übrigen Gewürzen zerstoßen. Zwiebeln, Knoblauch, Kräuter und Paprikaschote zugeben, mit dem Joghurt und dem Zitronensaft zu einer geschmeidigen Paste mixen.

Fisch rundum einstechen und mit der Paste einreiben. Ihn mit Salz und Pfeffer würzen und 1 Stunde durchziehen lassen.

Fisch auf einen Grillspieß stecken und eine Fettpfanne daruntergeben. Fisch 15 Minuten, oder aber bis die Paste trocken ist, grillen. Ihn dabei mehrmals mit Bratensaft übergießen. Dann den Spieß höher hängen, damit die Hitze gedrosselt wird, und den Fisch weitere 25 Minuten unter einmaligem Wenden weitergrillen.

Der Fisch ist gar, sobald sich das Fleisch leicht löst. Spieß wieder senken, damit die Hitze intensiver wird, den Fisch mit der Butter übergießen und weitergrillen, bis die Haut knusprig ist. Fisch sofort mit Salat und Kartoffeln zu Tisch bringen.

PALAMIDA

Marinierter Bonito (kleiner Thunfisch)

Fisch schuppen, ausnehmen und in Stücke von ca. 2 cm Größe zerschneiden. Diese über Nacht in einer aus folgenden Zutaten bereiteten Marinade ziehen lassen:
1 l Wasser, 100 g Salz, 1 Eßlöffel Essig, 1 zerdrückte Knoblauchzehe.
Bei einem typisch bulgarisch-jüdischen Frühstück ißt man diesen Fisch mit Zwiebeln, Oliven und Scheiben von Meerbarbenrogen und spült das Ganze mit Wodka hinunter.

◆ *»Victor« ist ein Delikatessengeschäft im Herzen des Levinski-Marktes in Tel Aviv, das sich auf geräucherten Fisch und Heringe spezialisiert hat.*

◆ *Marinierter Palamida im zweiten Stadium. Der Fisch wird mit Schalotten, schwarzen Oliven und türkischem Kaviar (hauchdünn aufgeschnittener Meerbarbenrogen) serviert.*

◆ *Marinierter Palamida im ersten Stadium. Der Fisch wird in große Stücke geschnitten und mit Meersalz bestreut.*

IN WEINBLÄTTERN GEGRILLTE FORELLEN

8 Forellen à 225 bis 275 g
225 ml Olivenöl
60 ml frisch gepreßter Zitronensaft
knapp 1 Eßlöffel gehackte Kapern
2 Eßlöffel frisch gehackte Petersilie
1 Eßlöffel Schnittlauchröllchen
1 Teelöffel frisch gehacktes Basilikum
1/2 Teelöffel frisch gehackter Rosmarin
8 Thymianzweige
40 große Weinblätter, frisch oder eingelegt
1 Zitrone in Spalten zum Garnieren
frische Kräuterzweige zum Garnieren
(8 Portionen)

Kopf, Schwanz und Rückgrat der Fische entfernen, sie ansonsten jedoch ganz lassen. Fische dann auf beiden Seiten in einem Abstand von jeweils 6 cm einschneiden, wobei das in einem Winkel von 30° geführte Messer ungefähr ein Viertel des Fleisches durchschneidet.

Olivenöl, Zitronensaft, Kapern und Kräuter vermischen und die Fische innen und außen damit einreiben. Je einen Thymianzweig in einen Fisch stecken und je einen Fisch so in 5 Weinblätter wickeln, daß er ganz umhüllt ist. Mit einem Faden zubinden.

Grill vorbereiten. Sobald die Kohle fertig ist, einige Stücke *Mesquite* oder Fruchtholz daraufflegen. Wenn diese zu glimmen beginnen, Fisch auf den Grillrost legen und mit Folie abdecken. Fische von ca. 2,5 cm Dicke sind in ungefähr 10 Minuten gar, dickere brauchen entsprechend länger. Während des Grillens Fische einmal wenden.

Vor dem Servieren die Fäden, nicht aber die Weinblätter, entfernen und das Ganze mit Zitronenspalten und frischen Kräutern garnieren.

FORELLE MIT GRANATAPFEL

1 großer Granatapfel
4 frische Forellen
Salz und Pfeffer zum Würzen
1 Prise Kardamom
1 Zwiebel, gehackt
100 g Butter
2 Knoblauchzehen, gehackt
100 g Pecannüsse, grob gehackt

Granatapfel halbieren und die Kerne so herausnehmen, daß sie nicht beschädigt werden. Fische waschen und säubern. Bei Forellen kann man das Rückgrat unmittelbar hinter dem Kopf brechen und dann herausziehen, ohne den Fisch zu beschädigen.

Zwiebeln in etwas Butter anbraten. Innenseiten der Fische mit Salz, Pfeffer und Kardamom würzen, einen Großteil der Granatapfelkerne, Zwiebel, Knoblauch, Nüsse und je einen Butterwürfel einfüllen. Falls nötig, Öffnungen mit Cocktailspießchen oder Zahnstochern verschließen.

Eine feuerfeste Form mit Butter ausstreichen, Fische hineinlegen und im auf 200° vorgeheizten Rohr 12 Minuten braten. Fische auf einem Bett aus Senfblättern und Kresse oder Brunnenkresse, garniert mit den restlichen Granatapfelkernen, servieren.

◆ *Forelle mit*
Granatapfel
auf einem
Kressebett.

GEFILLTE FISCH

Traditionelle pochierte Fischbällchen

900 g frischer Karpfen
1 Scheibe altes Challa *oder 60 g Maze-Mehl*
1 hartgekochtes Ei
2 Eßlöffel Öl
1 große Zwiebel
2 Eier
Salz, schwarzer Pfeffer, z
Zucker um Würzen

SUD

4 Karotten in Scheiben
2 Zwiebeln in Ringen
1 l Wasser
Salz, Pfeffer und Zucker zum Abschmecken

Fisch waschen und in Scheiben schneiden. Rogen für ein anderes Gericht aufheben. Fischscheiben mit Salz bestreuen und 1 Stunde in den Kühlschrank stellen, Challa in Wasser einweichen und ausdrücken.

Mit einem scharfen Messer die Haut des Fisches abziehen und alle unbeschädigten größeren Stücke aufheben. Nur die wirklich großen Gräten entfernen. Fischfleisch mit den kleineren Gräten, hartgekochtem Ei, Challa und Zwiebeln zweimal gut zerdrücken, bis eine geschmeidige Masse entstanden ist. In diesem Stadium fügen manche Köche 225 g Hechtfilet, einige Mandeln oder eine rohe Karotte hinzu.

Die 2 Eier, Öl, Salz, Pfeffer und Zucker nach Geschmack (angesichts der heißen Diskussionen darüber, wieviel Zucker Gefillte Fisch enthalten dürfen, wagen wir es nicht, eine bestimme Menge anzugeben) untermischen und die Masse in den Kühlschrank stellen.

Alle Zutaten für den Sud in einen großen Topf geben, aufkochen und 30 Minuten köcheln lassen, Fischkopf zugeben und weiter köcheln. In der Zwischenzeit aus der gekühlten Fischmasse mit feuchten Händen Bällchen formen. Die übriggebliebenen Hautstücke mit Fischmasse füllen, mit feuchten Händen zu Kugeln formen und zusammen mit den Fischbällchen in die köchelnde Brühe geben. Deckel so auf den Kochtopf setzen, daß zwischen ihm und dem Topf-

rand ein schmaler Spalt bleibt, und 2 Stunden köcheln. Auskühlen lassen und in den Kühlschrank stellen.

Zum Servieren 2 oder 3 Fischbällchen mit einer Karottenscheibe und etwas geliertem Sud auf einen Teller geben. Der Fischkopf bleibt dem Familienoberhaupt vorbehalten. Als Beilagen gehören unbedingt *Challa* und Meerrettich-Relish (Rezepte S. 90 bzw. S. 41) zu Gefillte Fisch. Das Rezept reicht für 8 Vorspeisenportionen.

HERINGE IN SAURER SAHNE

225 ml vollfette saure Sahne oder Crème double
2 Eßlöffel Zucker
2 Eßlöffel Weißweinessig
10 fette Heringe
1 mittelgroße rote Zwiebel in sehr feinen
Ringen
(Das Rezept ergibt 20 Portionen)

Heringe filieren und häuten. Jedes Filet in 5 oder 6 Stücke schneiden, Zucker unter die Sahne rühren und Essig zugeben. Fischstücke und Zwiebelringe in ein Glas schichten und mit der Sahne auffüllen. Glas verschließen und in den Kühlschrank stellen. Fische innerhalb von 10 Tagen verbrauchen.

◆ *Sonnenuntergang über dem See Genezareth, Israels einzigem Süßwassermeer.*

POCHIERTER SEEBARSCH, MARINIERT IN ZITRONE UND BASILIKUM

Schale einer Zitrone in Streifen
6 Seebarsche à ca. 225 g
100 ml frisch gepreßter Zitronensaft
80 ml Weißweinessig
1 1/2 Teelöffel Salz
1/2 Teelöffel Zucker
350 ml Olivenöl, extra vergine
3 Eßlöffel fein gehacktes Basilikum sowie
Basilikumstengel zum Garnieren
2 große Knoblauchzehen, gehackt
2 Teelöffel getrocknete rote Chilistücke
225 ml trockener Weißwein
2 Lorbeerblätter
1 l Wasser
2 Petersilienzweige
1 fein gehackte rote Paprikaschote
zum Garnieren
(8 bis 10 Portionen)

Zitronenschale auf den Boden einer flachen Schüssel geben, die so groß ist, daß alle Fischstücke flach darin liegen können. Fische häuten und kreuzweise in 3 cm große Streifen schneiden.

Zitronensaft, Essig, 1/2 Teelöffel Salz, Zucker und Öl verrühren, bis eine dickliche, dunkle Masse entstanden ist. Die Hälfte des gehackten Basilikums, Knoblauch und Chili untermischen. Wein, Lorbeerblätter, Petersilie und restliches Salz mit dem Wasser in einem großen Topf zum Kochen bringen. Hitze drosseln, so daß der Sud nur noch köchelt. Ein halbes Dutzend Fischstücke hineingeben und 1 bis 1,5 Minuten pochieren, bis das Fleisch eben fest ist. Mit einer Schöpfkelle herausheben und auf die Zitronenschalen legen. Restlichen Fisch pochieren.

Marinade über die Fische gießen und sie zugedeckt über Nacht im Kühlschrank ziehen lassen. Fische vor dem Servieren eine Stunde bei Zimmertemperatur stehenlassen. Sie dann auf Teller verteilen, Marinade durch ein Sieb gießen, fest durchschlagen und über die Fische träufeln. Paprikawürfel und restliches Basilikum darüberstreuen und mit Basilikumzweigen garniert servieren.

◆ Mousht *mit*

Tahini:

St.-Peter-Fisch

mit Sesamsauce.

MOUSHT MIT TAHINI

St.-Peter-Fisch mit Sesamsauce

Der St.-Peter-Fisch (arabisch *Mousht*) stammt aus dem See Genezareth, hat Knorpel und erinnert durch seinen intensiven Geschmack an Meerbrassen.

2 Zwiebeln in Ringen
60 ml Öl
4 kleine St.-Peter-Fische (oder Forellen),
geputzt
100 ml Tahini
2 Eßlöffel Zitronensaft
1 Knoblauchzehe, zerdrückt
Salz und Pfeffer
blanchiertes Gemüse und Sesamsamen zum Garnieren
(4 Portionen)

Rohr bis auf 170° vorheizen. In einer großen Pfanne Zwiebeln im Öl glasig werden lassen, Fische zugeben und 1 Minute pro Seite erhitzen, damit sie etwas vom Zwiebelgeschmack annehmen.

Tahini, Zitronensaft und Knoblauch vermischen. Fische und Zwiebeln in eine feuerfeste Form geben, mit Salz und Pfeffer bestreuen und mit *Tahini*-Mischung bedecken. Ohne Deckel 30 Minuten im Rohr garen, bis sich das Fleisch ablöst. Fische mit blanchiertem Gemüse und bestreut mit Sesamsamen servieren.

KAPITEL 4

*B*ROT

In der Ashta-nur-Bäckerei in Jerusalem werden die großen, flachen irakischen Pita-Fladen noch im Taboon, einem Ofen aus Lehm, gebacken. Man drückt den Teig flach auf den Boden des Ofens, und sobald der Fladen fertig ist, löst er sich.

Wäre *Falafel* nicht so eng mit der israelischen Folklore verbunden, so wäre mit Sicherheit Brot, und zwar jede Art von Brot, der König unter den israelischen Nahrungsmitteln.

Aber *Falafel* zu entthronen käme einem politischen Akt gleich, der große Kühnheit und immensen Mut erfordert. Die Opposition wäre lautstark und böse. Dennoch essen wir weit mehr Brot als *Falafel*, und wie könnte *Falafel* ohne *Pita*-Brot überleben? Welche andere Beilage könnte sonst diese appetitlich kleinen Pastetchen oder winzigen Salatportiönchen begleiten?

Ich persönlich bin, was das Brot angeht, äußerst voreingenommen. Brot ist für mich so wichtig wie mein Blut. Ich bin der Sohn eines Bäckers und hätte diesen Beruf sicher in der dritten Generation weiter ausgeübt, hätte ich nicht mein Erbe verraten. Mein Vater verkaufte unseren 50 Jahre alten Familienbetrieb, nachdem er endgültig erkannt hatte, daß ich nicht in seine Fußstapfen treten würde. Daran war er allerdings ebenso schuld wie ich selbst. Denn er legte mir das Brot nicht gerade ans Herz, indem er folgendes feststellte: Die Menschen essen es die ganze Zeit. Es ist für sie so selbstverständlich, daß sie es gar nicht mehr wahrnehmen. Es ist praktisch unsichtbar. Und wenn du etwas Unsichtbares backst, wirst du selbst auch unsichtbar. Die Menschen nehmen nur Notiz von dir, wenn dein Backofen kaputtgeht und dein Brot mißlingt. Dann hassen sie dich. Menschen, die dich nie gemocht haben, fallen bei der erstbesten Gelegenheit über dich her. Also ist der Beruf des Bäckers ein schweres Handwerk. Kreativität spielt keine Rolle. Brot ist nichts Kreatives. Es ist nichts als eine Masse aus Mehl, Wasser und Hefe, die aufgeht und im Ofen braun wird.

In Israel haben wir zu allen Zeiten Brot gegessen. Als Jerusalem 1948 belagert wurde, kam alles zum Stillstand. Niemand kam, und niemand ging. Die einzigen, die kamen, waren die Lastwagen, die Brot und Wasser brachten. Und wenn sie einmal nicht durchkamen, so backten die Menschen ihr Brot selbst – falls sie über Mehl und Hefe verfügten. Brot ißt man, wenn man sonst nichts hat.

Selbst heute, in einer Zeit des Überflusses, verzichtet kaum ein Israeli beim Essen auf Brot. Brot wird sogar von der Regierung subventioniert, so wichtig ist es. Die Israelis haben noch nie den vollen Preis für einen Laib Brot bezahlt. Und mit dieser Subventionierung erweist die Regierung einem der letzten Dogmen des Sozialismus ihre Reverenz. Was auch geschehen mag, erklärt sie, wir werden stets Brot haben. Wir werden nie verhungern.

◆ *In Israel versteht man unter Schwarzbrot das am meisten verbreitete Brot. Damit jeder es sich leisten kann, wird es von der Regierung subventioniert.*

◆ *Erntezeit im*

Jezreel-Tal.

Wenn Brot der ungekrönte König Israels ist, so ist *Challa* die Königin. *Challa* ist der traditionelle jüdische, mit reichlich Eiern zubereitete Brotzopf, der jeden Freitagabend rituell gesegnet und gegessen wird, wenn die Mitglieder der gläubigen Familien sich versammeln, um die Familienbande zu erneuern und fortleben zu lassen. Am Freitagabend spricht man nicht über Geschäfte, dieses Thema ist tabu. Der Name *Challa* bedeutet soviel wie »Anteil des Priesters« und leitet sich von der Sitte ab, daß ein symbolisches Stück Teig von der übrigen Masse getrennt wird, bevor man aus ihr Laibe formt und bäckt. Der »Anteil des Priesters« muß separat aufgehen und gebacken werden. Während des Backens muß er verkohlen oder restlos verbrennen, denn er stellt eine Opfergabe dar, die nicht zum Verzehr bestimmt ist. *Challa* ist auch das Brot, das wir bei festlichen Anlässen wie Feiertagen oder Hochzeiten essen. Eine besondere Zeremonie, bei der eine besonders große und speziell für diesen Anlaß gebackene *Challa* gesegnet wird, ist Teil des jüdischen Hochzeitsrituals. Brot und Salz werden traditionell bei der Einweihung eines jüdischen Hauses gereicht.

◆ *Simcha Haddad aus Netanya backt auch heute noch in ihrem Hinterhof Brot im Taboon.*

Als »Thronprätendent« gilt *Pita*, das so fest zu jeder israelischen Mahlzeit gehört, daß man sich das Leben ohne es gar nicht mehr vorstellen kann. Für die meisten Vorspeisen und *Mezze*-Gerichte braucht man unbedingt *Pita*. Denn warum *Humus* oder *Tahini* mit einer Gabel essen, wenn man dazu auch einen eßbaren Löffel verwenden kann? »*Humus*-Löffeln« ist eine Kunst, die man über Jahre hinweg üben muß. Für uns ist *Pita* so selbstverständlich, daß wir danach greifen, ohne dabei von unserer Zeitung aufzusehen.

Die Anhänger von *Pita* und die Freunde des Brotes tragen im Moment eine Art Kulturkampf aus. Denn die beiden Sorten stehen für zwei Kulturen, die immer noch dabei sind, zu einer Nation zu verschmelzen – die aschkenasische und die sephardische. Die Juden, die aus den arabischen Ländern nach Israel kamen, die Sephardim, haben zu allen Zeiten *Pita* gegessen. Die Aschkenasim dagegen, die aus Rußland, Polen oder Deutschland stammen, sind an Brot gewöhnt und haben alles darangesetzt, dieses Erbe zu bewahren. Aber ihre Versuche, die typi-

◆ *Blick über die flache, fruchtbare Jezreel-Ebene.*

schen Brote ihrer alten Heimat zu backen, waren selten von Erfolg gekrönt. Im Lauf der Jahre haben sie allmählich aufgegeben. Denn Brot macht viel Arbeit – es muß aufgehen, geknetet werden und nochmals aufgehen. So müssen sie sich mit dem einheimischen Brotangebot zufriedengeben.

Mit anderen Worten: Der Kampf Brot gegen *Pita* steht momentan schlecht für das Brot. Und das, obwohl das sogenannte offene tunesische Sandwich, ein ganzer Brotlaib, der halbiert, ausgehöhlt, mit Salat, Thunfisch oder Salami gefüllt und mit Olivenöl (vergine) getränkt wird, durchaus seine Position zu behaupten scheint. Dahin sind die Zeiten, als die Bäcker die Nase über die schnell zubereitete arabische *Pita* rümpften, die nicht aufgehen muß. Heute geht das Geschäft der zahlreichen *Pita*-Bäckereien Tag und Nacht ausgezeichnet – selbst in der

◆ *Eine alte*

Mehlmühle

im Dorf

Shefar'am.

Dunkelheit stehen die Menschen noch Schlange –, und die *Pitas* aus ihren Öfen sind weder einfach noch gewöhnlich. In Anlehnung an die italienische Pizza belegen die *Pita*-Bäcker ihre Produkte mit den verschiedensten Köstlichkeiten. *Pita* mit *Za'atar*, einer salzigen Kräutermischung, ist im Augenblick der große Renner. Außerdem gibt es *Pita*-Pizzen mit Ei, Pilzen, Basilikum, Tomaten und anderen Belägen. Dies ist zweifelsohne die Zeit von *Pita*, und die meisten Israelis konsumieren Unmengen davon, gleich aus welchen Ländern sie kommen.

$\mathscr{B}$ROT

◆ *Die populäre Abulafia-Bäk- kerei in Jaffa hat sich auf dicke* Pita- *Fladen mit verschiedenen Belägen spezialisiert, stellt aber auch* Bagels *her.*

$\mathscr{Rezepte}$

CHALLA

Süßer Brotzopf, der am Sabbat gegessen wird

1 1/2 Eßlöffel Trockenhefe
100 ml lauwarmes Wasser zum Treiben der Hefe
1 Teelöffel Zucker
3 Eier
100 g Zucker
350 ml lauwarmes Wasser zum Einrühren in
den Teig
125 ml Öl
1 1/2 Teelöffel Salz
1 kg Mehl
2 Eier, verschlagen mit 2 Eßlöffeln Wasser
Mohn- oder Sesamsamen zum Bestreuen
(Ergibt 3 Zöpfe)

Hefe in 125 ml lauwarmes Wasser einrühren, Zucker zugeben und beiseitestellen. In einer großen Schüssel Eier und 100 g Zucker schaumig rühren, 350 ml Wasser, Öl und Salz einrühren. Hefemasse zugeben und gut durchschlagen. Mit einem hölzernen Kochlöffel die Hälfte des Mehls eßlöffelweise gut einrühren. In diesem Stadium ist der Teig klebrig. Die Hälfte des restlichen Mehls, wie eben beschrieben, unterrühren. Nun sollte sich der Teig von der Schüsselwand lösen.

Restliches Mehl auf ein Backbrett geben und den Teig 10 Minuten durchkneten, bis er alles Mehl aufgenommen hat. Teig zurück in die Schüssel legen, mit einem feuchten Tuch bedecken und im ungeheizten Rohr bei geschlossener Tür 1 Stunde, oder aber bis er die doppelte Größe erreicht hat, gehen lassen.

Teigkugel flach drücken und in 3 gleich große Stücke schneiden. Jedes Stück in 3 gleiche Teile teilen, diese zu langen Würsten rollen und aus diesen 3 Zöpfe flechten.

Zöpfe auf ein gefettetes, mit Mehl bestäubtes Backblech setzen, zudecken und 1 1/2 bis 2 Stunden, oder aber bis sie ungefähr doppelte Größe erreicht haben, gehen lassen. Rohr auf 210° vorheizen.

Jeden Zopf mit der Ei-Wasser-Mischung bestreichen und mit Mohn- oder Sesamsamen bestreuen. Zöpfe 15 Minuten goldbraun backen. Klopft man auf den Boden eines Zopfes und klingt dies hohl, so ist er fertig. Falls nicht, Zopf noch einige Minuten weiterbacken. Durchgebackene Zöpfe noch weitere 5 Minuten im Rohr lassen und dann auf einem Gitter auskühlen lassen.

◆ Challa *gibt es in* *den verschiedensten Variationen.* *Runde* Challa *mit* *Mohnsamen läßt* *sich nur schwer* *mit dem Messer* *schneiden. Kinder* *reißen sie am liebsten mit den Fingern in Stücke.*

◆ *Eine Scheibe* *süße* Challa *mit Rosinen.*

◆ *Eine Aus-*

wahl der be-

sten Spezia-

litäten von

Abulafia:

Pita, *Bagels,*

Ka'ahks

(*Bagels mit*

Sesam),

Pita *mit Ei,*

Za'atar,

Zwiebeln

und Oliven

und iraki-

sche Pita.

PITA
Für den Mittleren Osten typisches Fladenbrot

1 Eßlöffel Trockenhefe
2 Eßlöffel Honig
600 bis 700 ml lauwarmes Wasser
700 bis 800 g Mehl
1 Eßlöffel Salz
(Ergibt 12 Fladen)

Hefe, Honig und 125 ml lauwarmes Wasser in einer kleinen Schüssel verrühren und 10 Minuten an einem warmen Ort quellen lassen. 450 g Mehl in eine große Schüssel geben, Hefemasse und 500 ml lauwarmes Wasser zugeben und 1 bis 2 Minuten kräftig durchschlagen. Salz und restliches Mehl zugeben und nochmals durchschlagen.

Teig auf einem leicht bemehlten Backbrett 10 Minuten durchkneten. Dabei, falls nötig, noch weiteres Mehl einkneten, damit ein halbfester Teig entsteht. Diesen in eine mit Fett ausgestrichene Schüssel legen, zudecken und an einem warmen, zugfreien Ort auf doppelte Größe aufgehen lassen. Dies dauert ca. 1 Stunde. Backrohr auf 230° vorheizen.

Teigkugel flach drücken, erneut durchkneten und in 12 gleich große Stücke schneiden. Diese mit den Händen zu Kugeln formen und dann zu Kreisen von ca. 13 cm Durchmesser und 0,6 cm Dicke flach drücken. Auf ein ungefettetes Backblech setzen, zudecken und 10 Minuten gehen lassen. Auf der untersten Etage des Backrohrs 8 Minuten, oder bis sie auf der Unterseite hellbraun sind, backen. Bildet sich in der Mitte kein Luftloch, Backtemperatur erhöhen; werden sie zu braun, leicht mit Wasser besprengen. Auskühlen lassen und zum Tiefgefrieren in Gefrierbeutel geben.

Pita-Brot sollte man stets warm servieren. Zum Aufbacken reichen 3 Minuten im auf 180° vorgeheizten Rohr. Backt man sie länger, werden sie steinhart.

PITA-TOASTS MIT SESAM

2 runde Pita-*Fladen von ca. 15 cm Durchmesser*
80 g Sesamsamen, angeröstet
3 Eßlöffel ungesalzene Butter
geriebenes Salz

Backrohr auf 190° vorheizen. Jeden Fladen zuerst vierteln und die Viertel nochmals halbieren, so daß je 8 Dreiecke entstehen. Sesamsamen auf eine ebene Arbeitsfläche streuen, rauhe Seite der Fladen mit Butter bestreichen und dann in die Sesamsamen drücken. Dreiecke mit der mit Sesam bestreuten Seite nach oben auf ein Backblech legen und 8 bis 10 Minuten backen, bis sie knusprig sind. Auf einem Gitter auskühlen lassen, nach Geschmack mit Salz bestreuen und warm oder zimmerwarm servieren.

KINDERPIZZA

1 Pita-*Fladen*
100 ml Tomatensauce
80 g entsteinte Oliven
1 Paprikaschote in Ringen
150 g Thunfisch oder Mais aus der Dose,
je nach Geschmack
200 g Greyerzer Käse

Die Zubereitung dieser Pizza macht sicher auch Kindern Spaß. *Pita*-Fladen halbieren. Jede Hälfte mit Tomatensauce bestreichen, Oliven, Paprikaringe und Thunfisch oder Mais darauf verteilen und mit geriebenem oder in dünne Streifen geschnittenem Käse belegen. Unter dem Grill erhitzen, bis der Käse geschmolzen ist. Kalt servieren.

PITA-BROT MIT ZWIEBELN UND MOHNSAMEN

60 g frische Hefe
1 Teelöffel Zucker
Salz
100 ml lauwarmes Wasser
950 g Mehl
3 Eßlöffel Öl
3 Eier, leicht verschlagen
3 Zwiebeln, fein gehackt
100 g Mohnsamen
(Ergibt ca. 24 Fladen)

Hefe, Zucker und eine Prise Salz mit dem lauwarmen Wasser verrühren und die Masse zugedeckt an einem warmen Ort 10 Minuten quellen lassen.

Mehl in eine Schüssel füllen, eine Vertiefung in die Mitte drücken, Hefemasse, 2 verschlagene Eier und Öl hineingeben. Teig gut durchkneten. Mit einem Tuch abdecken und an einem warmen Ort 30 Minuten gehen lassen.

Hände mit etwas Öl einreiben und aus dem Teig etwa 2 Dutzend walnußgroße Kugeln formen. Diese auf einer bemehlten Arbeitsfläche zu Kreisen von ca. 7 cm Durchmesser ausrollen. Jeden Fladen mit Zwiebeln, Mohn und etwas Salz bestreuen und alles leicht festdrücken. Mit dem restlichen verschlagenen Ei bepinseln und zugedeckt 30 Minuten gehen lassen. Fladen im auf 210° vorgeheizten Backrohr goldbraun backen.

BAGEL / KA'AHK

Teigringe mit Kümmel und Koriander

450 g Mehl
1 Teelöffel Salz
15 g frische Hefe oder die halbe Menge
Trockenhefe
300 ml lauwarmes Wasser
1 Prise Zucker
100 g ungesalzene Butter oder Margarine, zer-
lassen
1/2 Teelöffel geriebener Kreuzkümmel
1/2 Teelöffel geriebener Koriander
1 Ei, leicht verschlagen
Sesamsamen zum Bestreuen
(Ergibt 20 Stück)

Hefe in 2 Eßlöffeln lauwarmem Wasser lösen, Zucker zugeben und 10 bis 15 Minuten quellen lassen. Salz, Kümmel und Koriander unter das Mehl mischen, in die Mitte eine Vertiefung drücken und Butter und Hefemasse hineingeben. Unter eßlöffelweiser Zugabe des restlichen Wassers zu einem Teig verkneten. 10 bis 15 Minuten durchkneten, bis sich die geschmeidige Masse von der Schüsselwand löst. Mit einem feuchten Tuch abdecken und an einem warmen Ort 2 Stunden, oder aber bis der Teig die doppelte Größe erreicht hat, gehen lassen. Backrohr auf 180° vorheizen.

Auf einer bemehlten Arbeitsfläche walnußgroße Teigstücke zu Rechtecken von 10 x 15 cm Kantenlänge formen. Jedes Rechteck zu einer Zigarre drehen und die Enden verbinden und mit etwas Wasser gut festdrücken, so daß Ringe entstehen. Diese in einem Abstand von 2,5 cm auf ein gefettetes Backblech legen, mit verschlagenem Ei bestreichen und mit Sesamsamen bestreuen. Kringel 25 bis 30 Minuten knusprig und goldbraun backen.

BREZELN

30 g Trockenhefe
1 Eßlöffel Zucker
225 ml lauwarmes Wasser
350 g gesiebtes Mehl
2 Eßlöffel weiche Butter
1/2 Teelöffel Salz
4 Teelöffel Backsoda
1 l Wasser
grobes Salz oder Sesamsamen
zum Bestreuen

Hefe und etwas Zucker im lauwarmen Wasser lösen. Sobald die Masse leicht schäumt, mit Mehl, Butter und Salz vermischen und gut durchkneten. Teig mit einem feuchten Tuch abdecken und auf ungefähr die doppelte Größe aufgehen lassen. Kugel zusammendrücken und in 12 gleich große Stücke schneiden. Jedes Stück zu einer 1 cm dicken Wurst rollen, aus jeder Wurst eine Acht formen und die Brezel zugedeckt an einem warmen Ort aufgehen lassen. Backrohr auf 230° vorheizen.

Backsoda in 1 l Wasser lösen und aufkochen. Brezeln einzeln in den kochenden Sud tauchen und so lange darin lassen, bis sie an die Oberfläche steigen. Herausnehmen und 12 Minuten auf ein Backblech legen. Vor dem Backen mit Salz oder Sesam bestreuen und dann goldbraun backen.

Obwohl Brezeln frisch am köstlichsten schmecken, kann man sie auch ca. 1 Woche aufheben. Am besten serviert man sie mit Butter.

◆ Das »Helden-
sandwich«
erfreut sich
bei den israe-
lischen Bau-
arbeitern
besonderer
Beliebtheit.
In diesen
700 g schwe-
ren Schwarz-
brotlaib
kann man
praktisch
alles füllen,
was das
Herz begehrt.

MLAWAH

Flockiges Brot

350 g Mehl
1/4 Teelöffel Backpulver
225 ml Wasser
225 g Butter, zerlassen und geklärt
1/2 Teelöffel Salz
1 Teelöffel Zucker
1 Teelöffel Essig (nach Wunsch)

Mehl und Backpulver sieben, in die Mitte eine
Vertiefung drücken und Wasser, 1 Teelöffel
Butter, Salz, Zucker und, falls gewünscht, Essig
hineingeben. Zu einem elastischen, geschmeidigen Teig verkneten. Diesen in 6 gleiche Portionen teilen und an einem kühlen Ort 20 Minuten
ruhenlassen. Jedes Stück zu einem flachen, einem *Pita*-Brot ähnlichen Fladen formen – hier
ist Geduld angebracht, denn der elastische Teig
läßt sich nur schwer dehnen und flach drücken.
Jeden Fladen großzügig mit Butter bestreichen,
zu einer festen Wurst rollen und 20 Minuten ruhenlassen. Noch zweimal in einem Abstand von
je 20 Minuten flach drücken, bepinseln und rollen. Schließlich sollten Fladen, so flach wie eine
Pita, entstanden sein.
Fladen in einer Antihaftpfanne auf beiden Seiten goldbraun backen, dabei einmal wenden.
Mit frischem Tomatenpüree oder *Zhoug* (Rezept Seite 39) servieren.
Mlawahs eignen sich auch gut zum Tiefgefrieren. Dafür je einen Bogen Wachspapier zwischen die Fladen legen und sie in Gefrierbeutel
packen.

◆ Lahuhua,

schwammige,

jemenitische

Pfannkuchen

mit Zhoug *und*

Suppe.

LAHUHUA

Jemenitisches Schwammbrot

25 g Hefe
700 ml lauwarmes Wasser
1 Teelöffel Zucker
450 g Mehl, gesiebt
1/2 Teelöffel Salz
5 Eßlöffel Butter, zerlassen
(oder Backfett bzw. Speck)

Hefe in etwas Wasser lösen. Sobald sie zu schäu-
men beginnt, mit den übrigen Zutaten vermischen, gut durchrühren und an einem warmen
Ort aufgehen lassen (1 Stunde). Erneut durchrühren, zudecken und eine weitere Stunde gehen lassen.
Für die Zubereitung von *Lahuhua*, die wie
Pfannkuchen aussehen, eine Antihaftpfanne
verwenden. Jeden Pfannkuchen zunächst in die
kalte Pfanne geben, 2 Minuten bei mittlerer Hitze backen und dann bei sehr niedriger Hitze
noch einmal 4 Minuten backen. Dabei nicht
wenden. *Lahuhua* serviert man traditionell zu
Suppen und Eintöpfen. Sie sind schwammig
und schmackhaft und leicht herzustellen.

◆ *Weizen-*

ernte in

der Jezreel-

Ebene.

◆ *Hier sieht*

man, wie Pita

im alten Dorf

Peqi'in gebak-

ken wird:

Man legt die

dünnen Teig-

fladen auf

eine heiße

Metallfläche,

wendet sie

enmal und

nimmt sie

rasch

herunter.

MEDITERRANE OLIVENBRÖTCHEN

15 g Trockenhefe
1 Teelöffel Zucker
1/2 bis 1 Teelöffel frisch gemahlener schwarzer
Pfeffer
225 ml lauwarmes Wasser
80 g Buchweizenmehl
350 g Mehl
2 Eßlöffel Olivenöl, extra vergine
350 g von Lauge gereinigte schwarze Oliven,
entsteint und grob gehackt
(Ergibt 16 Stück)

Hefe, Zucker, Wasser und Pfeffer vermischen
und 10 Minuten quellen lassen.

Beide Mehlsorten in eine Schüssel geben, in die
Mitte eine Vertiefung drücken und Hefemasse,
Öl und Oliven hineingeben. Zu einem weichen,
klebrigen Teig verarbeiten. Diesen auf einer bemehlten Arbeitsfläche 2 Minuten sanft durchkneten. Mit Mehl bestäuben, zurück in die
Schüssel geben, mit Plastikfolie abdecken und
an einem warmen Ort 45 Minuten, oder bis er
ungefähr seine doppelte Größe erreicht hat, aufgehen lassen.

Teig auf einer bemehlten Arbeitsfläche in Vier-
ecke zerschneiden, jedes Viereck zu einer Kugel
rollen und diese vierteln, so daß man 16 Teigstücke erhält. Diese mit bemehlten Händen zu
Kugeln formen, auf ein mit Öl bepinseltes Backblech legen und an einem warmen Ort zugedeckt 30 bis 40 Minuten auf ungefähr doppelte
Größe aufgehen lassen. Backrohr auf 210° vorheizen.

Vor dem Backen auf der Oberseite jeder Kugel
einen flachen Einschnitt anbringen. Olivenbröt-
chen 20 bis 25 Minuten – oder aber bis es hohl
klingt, wenn man auf ihre Unterseite klopft –
backen. Auf einem Gitter auskühlen lassen.

FATTOUSH
Gemüse-Kräuter-Salat mit Toastbrot

1 große Gurke, gehackt
5 Tomaten, gehackt
10 Schalotten oder Frühlingszwiebeln, gehackt,
1 kleine grüne Paprikaschote, gehackt
1 Eßlöffel gehackte Petersilie
1 Eßlöffel gehackte Korianderblätter
(auf Wunsch)
1/2 Teelöffel frisch gehackte Minze
1 Knoblauchzehe, zerdrückt
6 Eßlöffel Olivenöl
1/2 Teelöffel Salz
1/4 Teelöffel schwarzer Pfeffer
2 Pita- Fladen, getoastet und in
kleine Stücke gebrochen
(5 bis 6 Portionen)

Gemüse vorbereiten und Kräuter sehr fein hak-
ken. In einer großen Salatschüssel vermischen.
Öl, Zitronensaft, Salz und Pfeffer untermischen
und den Salat bis zum
Servieren kühlstellen.
Kurz vor dem Servie-
ren Brotwürfel unter-
mischen.

◆ Fattoush, *ein*

Salat aus

Gemüse und

Kräutern mit

getoasteten

Pita-*Stücken.*

KAPITEL 5

TRADITIONELLE GERICHTE

◆ *Zieh ostwärts,*
junger Mann,
und bring einen
Topf voll war-
mem, duftendem
Cholent zurück.
Wochenenden
sind eine Zeit
der leeren Tische,
aber wenn man
seinen eigenen
Topf mitbringt,
gibt es viele Re-
staurants, die
ihn füllen.

Die beiden Grundtraditionen der israelischen Küche, die europäische und die arabische, treffen sich in den Eintöpfen. Dabei sind die Tatsachen, daß den Juden am Sabbat das Kochen verboten ist und die Araber eine besondere Vorliebe für langsames Kochen haben, eine perfekte Mischung eingegangen. Somit gehören die Eintöpfe zu den Eckpfeilern der israelischen Küche. Mit Eintopf meine ich in diesem Zusammenhang Gerichte, die eine ganze Nacht bei niedriger Temperatur in einem Backrohr gegart werden, Gerichte mit Lamm und Huhn, die zu den Grundbestandteilen der nordafrikanischen Küche gehören, und arabische Fleischgerichte, die man in großen Gefäßen zu Tisch bringt.

Sobald am Freitag die Nacht hereinbricht, ist es den Juden verboten, Elektrizität zu benutzen oder ein Feuer anzuzünden. Deshalb müssen die Speisen für den Sabbat vorgekocht oder über Nacht in den warmen Ofen gestellt werden. Denn Essen gehört zu den Hauptbeschäftigungen am Sabbat. Kein Israeli arbeitet am Samstag, und den orthodoxen Juden ist es sogar verboten, Auto zu fahren. Deshalb verbringt man die meiste Zeit des Tages auch zu Hause. Im Laufe der Jahrhunderte haben sich besondere Sabbatgerichte herausgebildet, Gerichte, die trotz der Heiligkeit des Feiertages weder an Geschmack noch an Appetitlichkeit eingebüßt haben und durch den langen Garprozeß fast alle schwer und nahrhaft sind.

◆ *Eine Gasse in Mea She'arim, dem Viertel, in dem die orthodoxen Juden von Jerusalem leben.*

Fleisch und Kartoffeln in einem speziellen, *Cholent* genannten Schmorgericht, sind eine besondere Spezialität der osteuropäischen Juden, würzige Huhn- und Lamm-*Taghines* sind typisch für die marokkanischen Juden, und *Jihnoon* und *Kubbaneh*, die auf Teig basieren, sind ein fester Bestandteil der jemenitisch-jüdischen Küche. Alle diese Gerichte schiebt man am Freitagabend ins warme Rohr und verzehrt sie am Sabbat. Die Jemeniten beginnen mit ihrer Mahlzeit dabei früher als die anderen: *Kubbaneh*, ein schwammiges Gewürzbrot, bildet das Frühstück und wird später durch *Jihnoon* ergänzt.

Als Faustregel gilt: Langsam gegarte Speisen sollte man auch langsam verzehren. Sie sind weder frisch noch knusprig noch raffiniert, und man kann sich beim Essen Zeit lassen. Als Getränke reicht man in der Regel starken türkischen Kaffee oder Tee mit Minze.

In der traditionellen arabischen und jüdischen Küche herrscht Einigkeit über die unverändert gebliebene Rolle der Frau als Köchin und Dienerin. Der Israeli, der aus der Synagoge kommt und sein Essen fertig auf dem Tisch vorfinden will, ähnelt dem Araber, der nie einen Fuß in die Küche setzt und dort auch niemals hilft. Während orthodoxe Juden ihr Essen serviert haben wollen und lediglich vor der Mahlzeit beten und dann essen, spielt der arabische Mann die Hauptrolle, sobald der Tisch gedeckt ist. Eine arabische Frau verläßt niemals ih-

◆ *Eingang zu einem öffentlichen Bad in Mea She'arim.*

re Küche – gleich ob ihr Mann allein oder mit Gästen speist. Frauen und Kinder essen immer in der Küche. Im Speisezimmer ist der arabische Mann der Herr und bedient seine Gäste mit größter Aufmerksamkeit. Er füllt ihre Gläser und ihre Teller und legt sofort nach, sobald sich eine Lücke in den kleinen Reis- und Fleischhäufchen zeigt, die er auf ihren Teller plaziert hat. Und er nötigt seine Gäste zum Essen, falls ihre Gedanken einmal abschweifen sollten…

Alle in diesem Kapitel vorgestellten Gerichte werden in einem Topf zubereitet, sehr langsam gedünstet, geschmort oder gebacken und sind eigentlich Wintergerichte. *Cholent* ist ein typisch osteuropäisches Gericht, aber man kennt auch afrikanische und irakische Varianten. Dieser langsam simmernde Eintopf steht überall dort auf dem Speiseplan, wo Juden leben. Die Marokkaner essen *Dfeena*, die Iraker *Tabyeet*, beides Varianten von *Cholent*.

◆ *Bibelstunde in Mea She'arim.*

Cholent und seine Verwandten werden stets in einem großen Topf serviert, den man so in die Mitte des Tisches stellt, daß jedes Familienmitglied sich selbst bedienen kann. Sie sind ideal für Familienfeste und werden in der Regel von einer klaren Brühe, Gemüse, Würzpasten und Pickles begleitet.

Ein Ehrenplatz gebührt hier *Couscous*, dem Nationalgericht der Marokkaner. *Couscous* liebt man aber auch in Algerien und Tunesien, ja selbst in Paris, wo spezielle *Couscous*-Küchen preiswerte Mahlzeiten für Studenten und Touristen anbieten. *Couscous* und die dazu servierten Würzpasten und Salate wurden in den fünfziger Jahren von nordafrikanischen Juden nach Israel gebracht und erfreuen sich auch dort ungebrochener Beliebtheit.

◆ *Ein* Cheder *oder Klassenzimmer für kleine Jungen in Mea She'arim.*

Das Wort *Couscous* beschreibt in diesem Zusammenhang eine Kombination aus gedämpftem Korn, geschmortem Fleisch (meist Lamm), Geflügel oder Fisch mit Gemüse, manchmal auch nur gedämpftes Korn mit Gemüse. Das Korn selbst heißt auch *Couscous*, und das einem Stundenglas ähnliche Zubereitungsgefäß nennt man *Couscousier*. Sobald das *Couscous* schön flockig aus dem Dampfaufsatz des *Couscousier* kommt, wird es auf eine Platte gehäuft und mit duftendem Stew begossen – das Ergebnis ist köstlich und sättigend, und man könnte direkt süchtig danach werden. Craig Claiborne nannte *Couscous* eines der zwölf größten Gerichte der Welt.

Couscous wird in der Regel in einer flachen Schüssel oder auf einer Platte serviert, die so tief ist, daß man das Stew oder die Brühe darübergießen kann. *Pita*-Fladen werden in Stücke gebrochen und als Löffel für *Couscous* und Stew sowie zum Auftunken der auf dem Boden des Gefäßes verbliebenen Flüssigkeit benutzt. Die am häufigsten zum *Couscous* gereichte Würzpaste ist das auf roten Chilis basierende *Harissa*.

Marokkanische Köche waschen und gießen *Couscous* sorgfältig ab und rühren es mit bloßen Händen 20 bis 30 Minuten durch, damit es schön feucht wird und keine Klumpen entstehen. Dann dämpfen sie es im *Couscousier*, werfen es in kaltes Wasser und dämpfen es erneut. Dies geschieht aus gutem Grund: Die Körner werden schön locker und flockig und nehmen den Geschmack des darunter kochenden Stews gut auf. Aber *Couscous* muß keineswegs ein Kunstwerk sein. Heute gibt es in den meisten Spezialitäten- und Delikatessengeschäften bereits Fertigmischungen.

Obwohl die meisten in diesem Kapitel vorgestellten Gerichte nicht typisch israelisch sind, zeigen sie doch, wie die aus verschiedenen Kulturkreisen zugewanderten Juden in diesem Land allmählich zu einer Einheit zusammenwuchsen. Das Essen scheint bei uns das Band zu sein, das uns am engsten zusammenhält.

◆ *Ein* Cous-
cousier, *das*

Gefäß, in

dem man

traditionell

echtes

Couscous -

zubereitet.

TRADITIONELLE GERICHTE

◆ *Ein Gefäß voll »Gold«.* Cho- lent *ist eine eigenständige Mahlzeit.*

Rezepte

COUSCOUS MIT LAMM

5 kg Lammfleisch, in Würfeln

1 Eßlöffel Salz

1 Teelöffel frisch gemahlener schwarzer Pfeffer

4 ganze Nelken oder 1/4 Teelöffel Nelkenpulver

1 Teelöffel Turmerik

2 Lorbeerblätter

4 große Karotten – 2 gewürfelt, 2 in Scheiben

4 Zwiebeln – 2 gewürfelt, 2 in Ringen

2 Stangen Sellerie, gehackt

5,5 l Wasser

1 kleiner Kohlkopf, in Scheiben

2 Zucchini, in mundgerechte Bissen

2 Steckrüben, gewürfelt

275 g Kürbisfleisch, in großen Würfeln

75 g Rosinen

900 g Couscous-Fertigmischung

450 g Kichererbsen, abgegossen

(Ergibt 10 bis 12 Portionen)

Lammfleisch, Salz, Pfeffer, Nelken, Turmerik, Lorbeerblätter, Karottenwürfel, Zwiebelwürfel und gehackten Sellerie in einen *Couscousier* oder eine Pfanne geben, die so groß und tief ist, daß man einen Dampftopf oder ein Sieb darauf-

◆ *Marokkanischer Karottensalat ist eine traditionelle Beilage zu Couscous. Das Rezept steht auf S. 34.*

stellen kann, und mit Wasser bedecken. Aufkochen, Hitze drosseln und ca. 1 Stunde köcheln, bis das Fleisch gar ist.

Brühe abseihen und beiseite stellen. Fleisch aus dem Sieb nehmen und ebenfalls beiseite stellen. Gemüse entfernen.

Couscousier oder Pfanne reinigen und Brühe einfüllen. Karottenscheiben, Zwiebelringe, Kohl, Zucchini, Steckrüben, Kürbis und Rosinen zugeben. Pfanne zur Hälfte zudecken und 5 Minuten köcheln, bis das Gemüse gar ist. Zwischenzeitlich *Couscous* nach Packungsvorschrift zubereiten. Lammfleisch und abgegossene Kichererbsen in die Brühe geben, *Couscous*-Behälter über die Pfanne stellen und Hitze so heraufstellen, daß der von der Brühe aufsteigende Dampf das *Couscous* durchdringt. 20 Minuten oder aber nach Packungsvorschrift dämpfen. *Couscous* auf eine Servierplatte oder Teller häufen, Fleisch und Gemüse darauflegen und etwas Brühe darüberträufeln. Restliche Brühe in einem gesonderten Gefäß auf den Tisch stellen. Als Beilage reicht man am besten marokkanischen Karottensalat (Rezept S. 34).

◆ *Marokkanisches Couscous mit Lamm. Die goldenen Weizenkörner können mit den verschiedensten Arten von Brühe oder Stew serviert werden – Lamm, Huhn, Fisch oder Gemüse.*

ASCHKENASISCHER CHOLENT

Schichtragout mit Bohnen, Rindfleisch, Markknochen, Knödel nund Kartoffeln

12 mittelgroße Kartoffeln
2 Eßlöffel Salz
225 g getrocknete Lima- oder Butterbohnen
225 g rote Kidney- oder Adzukibohnen
4 große Zwiebeln in Ringen
3 Eßlöffel Öl
5 Rindermarkknochen
900 g Rinderschulter in großen Würfeln
225 g Rollgerste, gewaschen
2 Teelöffel Zucker
2 Eßlöffel Wasser
Salz und Pfeffer
(Ergibt 6 bis 8 Portionen.)

CHOLENT-KUGEL

1 Zwiebel in Ringen
Mischung aus Öl, Margarine und Hühnerfett
Mehl
1 Scheibe Challa (Rezept S. 90), in Wasser ein-
geweicht und ausgedrückt
Hühnersuppe in Pulverform
Salz und Pfeffer
1 Ei, verschlagen
Wasser

Kartoffeln schälen und mit 2 Eßlöffel Salz 2
Stunden in Wasser einweichen. Bohnen 2 Stunden in ungesalzenem Wasser einweichen, abgießen und mit Salz und Pfeffer würzen.

Für die Kugel Zwiebelringe in der Fettmischung
sautieren, Mehl darüberstreuen, *Challa*, Sup-
penpulver, Salz und Pfeffer zugeben und mit Ei
und Wasser zu einem elastischen Teig verkneten. Teig zu einem länglichen Laib formen, in einen Backbeutel geben und einige Löcher in diesen stechen.

In einer großen, tiefen Pfanne die 4 großen

Zwiebeln in Öl sautieren, vom Feuer nehmen
und folgende Zutaten schichtweise hineingeben:
Bohnen, Markknochen, Rindfleisch, Rollgerste,
Kugel im Beutel und Kartoffeln.

Zucker mit etwas Wasser lösen und bei starker
Hitze dunkelbraun werden lassen. Mit 2 Eßlöffel
Wasser vermischt sofort über den *Cholent* geben. *Cholent* mit Wasser bedecken, aufkochen
und 30 Minuten scharf köcheln. Pfanne abdek-
ken und über Nacht in ein nicht zu warmes Rohr
zum Garen stellen.

Die *Cholent*-Kugel wird in der Regel separat
serviert, wie ein Kuchen in Scheiben geschnitten. Die Kugelmasse kann man auch zum Füllen
von Kälberdärmen verwenden und so die be-
rühmten *Kishkel* oder Hühnerhälse herstellen.

◆ *Alle Zutaten, die*

man für einen

guten Cholent

braucht.

SEPHARDISCHER CHOLENT

Schichtragout mit Bohnen, Fleisch, Kartoffeln
und Eiern

12 mittelgroße Kartoffeln
2 Eßlöffel Salz
450 g getrocknete Lima- oder Butterbohnen
Salz und Pfeffer
4 große Zwiebeln, fein gehackt
3 Eßlöffel Öl
0,5 bis 1 kg Rindfleisch in Scheiben
1 kg Kalbsfuß in Scheiben
3 kleine Zwiebeln, ungeschält
10 hartgekochte Eier mit Schale
(Ergibt 6 bis 8 Portionen)

Kartoffeln schälen und mit 2 Eßlöffel Salz 2
Stunden in Wasser einweichen, Bohnen 2 Stunden in ungesalzenem Wasser einweichen, abgießen und mit Salz und Pfeffer würzen. In einer
großen, tiefen Pfanne Zwiebeln in Öl sautieren.
Vom Feuer nehmen und schichtweise folgende
Zutaten hineingeben: Bohnen, Rindfleisch und
Kalbsfuß, ungeschälte Zwiebeln, ganze, abgegossene Kartoffeln, hartgekochte Eier. Alle Zutaten mit Wasser bedecken. Aufkochen und ohne Deckel 30 Minuten scharf kochen. Pfanne abdecken und über Nacht in ein nicht zu warmes
Rohr stellen.

DFEENA

Rinderstew mit Kartoffeln, hartgekochten
Eiern, Kalbsfuß und Hülsenfrüchten. Diesen
Cholent servieren marokkanische Juden bei
festlichen Anlässen

1 Kalbsfuß
2 große Zwiebeln, fein gehackt
1 kg Rinderschmorbraten, gewürfelt
6 kleine Kartoffeln
6 Eier in der Schale, gut gesäubert
350 bis 450 g Kichererbsen, Schmink- oder wei-
ße Bohnen, über Nacht eingeweicht
2 Knoblauchzehen, zerdrückt
1 Teelöffel Nelkenpulver
Salz und frisch gemahlener schwarzer Pfeffer
(Ergibt 6 bis 8 Portionen)

Kalbsfuß in kochendem Wasser blanchieren
und abgießen. Zwiebeln im Öl goldbraun rösten.
Diese beiden und die übrigen Zutaten in einen
großen, feuerfesten Topf mit gut schließendem
Deckel geben. Mit Wasser bedecken, Deckel
aufsetzen und 1 Stunde im 190° heißen Rohr
schmoren. Hitze auf die unterste Stufe herunterschalten und das Gericht noch einige Stunden
oder aber über Nacht weiterschmoren.

Anmerkung: *Sollten Sie anstatt der traditionel-*
len Kichererbsen lieber Bohnen verwenden, Salz
erst zugeben, wenn die Bohnen gar sind. Gibt
man es vorher zu, so werden sie möglicherweise
nicht zart.

HÜHNERSUPPE MIT KNEIDLACH

Traditionelle jüdische Hühnersuppe mit Knödeln

*1 Huhn von 1,5 kg Gewicht, ganz oder in
Stücken, mit den Beinen
1,5 l Wasser
2 mittelgroße Zwiebeln, geschält
1 kleine Knolle Sellerie, gehackt
4 Karotten, geputzt und grob geschnitten
1 Prise Paprikapulver
Salz und Pfeffer
1 Bund Petersilie*

KNEIDLACH

*175 g Matzemehl
225 ml kaltes Wasser
3 Eier
2 Eßlöffel Öl
Salz, schwarzer Pfeffer*

Hühnerbeine einige Sekunden in kochendes Wasser tauchen und dann häuten. Huhn oder Hühnerteile zusammen mit den Beinen in einen großen Topf mit Wasser geben, aufkochen und bei geringer Hitze 1 Stunde köcheln. Zwiebeln, Sellerie, Karotten und die übrigen Zutaten zugeben und zugedeckt weitere 45 Minuten köcheln, bis das Hühnerfleisch gar ist. Brühe durch ein Sieb gießen, Fett abschöpfen, abschmecken und Gemüse in die Suppe zurückgeben. Das Huhn kann für einen Salat verwendet oder aber, in Stücke geschnitten, separat zur Suppe serviert werden.

Für die *Kneidlach* alle Zutaten zu einem geschmeidigen Teig verkneten und diesen zugedeckt über Nacht in den Kühlschrank stellen. 3 l Wasser mit 2 Eßlöffel Salz zum Kochen bringen. Aus dem Teig tischtennisballgroße Kugeln formen und diese 30 Minuten im Wasser garen. *Kneidlach* bis zum Servieren im Wasser liegen lassen.

Ein Teller von Großmutters Hühnersup-

pe ist eine stets willkommene Mahlzeit – als Einlage kann man anstatt *Kneidlach* auch gekochten Reis, Nudeln, blanchiertes Gemüse oder die hausgemachte Suppeneinlage (Rezept unten) verwenden.

HAUSGEMACHTE SUPPENEINLAGE

*1 Prise Salz
1 Eßlöffel Öl
4 Eier, gut verschlagen
Mehl
Öl zum Fritieren*

Salz, Öl und Eier gut verschlagen und eßlöffelweise so viel Mehl einrühren, daß ein weicher, geschmeidiger Teig entsteht – verwendet man zu viel Mehl, wird der Teig zu trocken. Teig auf einer bemehlten Arbeitsfläche so dünn wie für Nudeln ausrollen, in Streifen und dann in gleich große Würfel schneiden. Öl erhitzen. Teigwürfel portionsweise darin knusprig und goldbraun werden lassen. Nach dem Auskühlen in einem luftdicht verschließbaren Gefäß aufheben, bis die Enkelkinder zu Besuch kommen.

◆ *Hühnersuppe mit hausgemachter Suppeneinlage ist eine Verbindung von jüdischer Tradition und israelischem Erfindungsgeist.*

KUBBANEH

Süße Dampfnudeln

25 g frische oder Trockenhefe
2 Eßlöffel Zucker
60 ml lauwarmes Wasser
500 g Mehl
3/4 Eßlöffel Salz
225 ml Wasser
2 Eßlöffel Margarine

Hefe, Zucker und lauwarmes Wasser in einer kleinen Schüssel verrühren, mit einem sauberen Tuch abdecken und an einem warmen Ort 10 Minuten quellen lassen.

Mehl und Salz in eine große Schüssel sieben, eine Vertiefung in die Mitte drücken und die Hefemasse hineingeben. Durchkneten und dabei so viel Wasser zugeben, daß der Teig nicht mehr klebrig ist. Mit einem Tuch bedeckt an einem warmen Ort 15 Minuten gehen lassen.

Margarine in einem mittelgroßen Topf mit fest verschließbarem Deckel zerlassen und die Gefäßwände damit bestreichen. Teig in 5 Stücke teilen. Mit angefeuchteten Händen diese Stücke zu Kugeln formen und in den Topf legen – die Margarine verhindert, daß sie zusammenkleben. Zugedeckt bei sehr niedriger Hitze erwärmen, bis die Teigkugeln aufgehen. Eine Asbestplatte unter den Topf schieben und die Dampfnudeln bei mittelhoher Hitze garen, bis sie goldgelb und an der Oberseite durch sind. Hitze abschalten.

Dampfnudeln stürzen und, in Scheiben geschnitten, warm servieren. Am Morgen des Sabbat reicht man *Kubbaneh* mit *Hilbeh* und *Haminados* (Rezepte S. 119 bzw. S. 154).

SENIYEH

Traditionelles arabisches Hackfleischgericht
mit *Tahini*

225 g Hackfleisch (Rind, Lamm oder Kalb)
2 Eßlöffel gehackte Petersilie
2 Eßlöffel fein gehackte Zwiebel
1 Eßlöffel Mehl
1 Eßlöffel Öl
1/2 Teelöffel Zhoug *(Rezept S. 39)*
1/2 Teelöffel Salz
1/2 Teelöffel Pfeffer
2 Eßlöffel Tahini
1 Eßlöffel Zitronensaft
2 Eßlöffel Wasser
Pinienkerne zum Bestreuen
(Ergibt 4 Portionen)

Fleisch, Gemüse, Mehl, Öl, *Zhoug*, Salz und Pfeffer vermischen und die Masse in eine kleine, runde feuerfeste Form drücken. Backrohr auf 180° vorheizen.

Mit einer Gabel *Tahini*, Zitronensaft und Wasser verrühren und über die Fleischmasse gießen. Das Gericht mit Pinienkernen bestreuen und 30 Minuten backen. Mit Salat und Pickles zu Tisch bringen.

◆ Jemenitische Kubbaneh *mit braunen Eiern (Haminados) und* Hilbeh. Kubbaneh *wird zum Frühstück gegessen,* Hilbeh *ist ein Relish aus Griechisch-Heu-Samen.*

MEJADARRA

Galiläisch-arabischer Pilaw mit Linsen
und Reis

*450 g große braune Linsen, falls nötig
eingeweicht*
1 Zwiebel, fein gehackt
3 Eßlöffel Öl
Salz und frisch gemahlener, schwarzer Pfeffer
225 g Langkornreis, gewaschen
225 ml Wasser
2 Zwiebeln, in Halbmonde geschnitten
(Ergibt 5 bis 6 Portionen)

◆ Mejadarra,

eine klassi-

sche Kombi-

nation aus

Gemüse

und Reis,

die mit

frischem

Joghurt

serviert

wird.

Linsen großzügig mit kaltem Wasser bedecken und gar kochen. Dabei den entstehenden Schaum abschöpfen und, falls nötig, mehr Wasser zugeben. Gehackte Zwiebel in der Hälfte des Öls goldbraun werden lassen und unter die fertigen Linsen mischen. Mit Salz und Pfeffer würzen. Reis mit einer zusätzlichen Tasse Wasser zu den Linsen geben und zugedeckt 20 Minuten garen. Sollte der Reis die Flüssigkeit zu schnell aufnehmen, weiteres Wasser zusetzen. Zwiebelhalbmonde im restlichen Öl dunkelbraun werden lassen. Reis-Linsen-Mischung auf eine vorgewärmte Platte geben und mit den Zwiebelhalbmonden garnieren. *Mejadarra* kann man heiß oder kalt mit frischem Joghurt servieren.

HÜHNCHEN »NEUE WELLE«

Küchenchef I. Nicolai gilt als der Vater der professionellen Kochkunst in Israel. Dieses im Jahre 1950 kreierte Rezept ist typisch für Nicolais Arbeit und die von ihm gegründete Schule.

1 Hühnchen von 1,5 kg Gewicht,
in Stücke geschnitten
Mehl
5 Eßlöffel Öl
100 g Oliven, entsteint
12 Knoblauchzehen, geschält
1 kleine Sellerieknolle, gewürfelt
1/2 Teelöffel schwarze Pfefferkörner
1 Teelöffel getrockneter Estragon
4 Tomaten, geviertelt
Salz
1 Prise Ingwerpulver
3 Orangen, in dünnen Scheiben
100 ml Weißwein
3 Eßlöffel Cognac
(Ergibt 4 Portionen)

Hühnerteile in Mehl wenden und überschüssiges Mehl abklopfen. Öl in einer großen Pfanne erhitzen und die Hühnerteile unter wiederholtem Wenden von allen Seiten hellbraun braten. 450 ml Wasser in einem kleinen Topf zum Kochen bringen und Oliven hineingeben. 11 Knoblauchzehen auf dieselbe Weise blanchieren und noch 3 Minuten kochen lassen. Letzte Knoblauchzehe zerdrücken.

Knoblauch, Oliven, Sellerie, Pfefferkörner, Estragon, Tomaten, Salz und Ingwer 30 Minuten in der Pfanne braten. Orangenscheiben zugeben. Wein und Cognac in einem kleinen Topf erhitzen und die Hühnerteile damit flambieren. Das Gericht sofort mit frischem Salat, braunem Brot und einem fruchtigen Weißwein zu Tisch bringen.

◆ *Ein interessan-*

tes Gericht:

Huhn mit Oli-

ven, Estragon

und Cognac.

KUGEL

Würziger traditioneller Nudelpudding der osteuropäischen Juden

225 g dünne Nudeln
100 ml Öl
100 g Zucker
Salz
1/2 Teelöffel frisch gemahlener schwarzer
Pfeffer
3 Eier, leicht verschlagen

Backrohr auf 180° vorheizen, Nudeln in Salzwasser kochen, gut abtropfen lassen und beiseite
stellen. In einem mittelgroßen Topf Öl erhitzen,
Zucker zugeben und bei niedriger Hitze unter
ständigem Rühren 10 Minuten ganz dunkel, fast
schwarz, werden lassen. Nudeln, Salz, Pfeffer
und verschlagene Eier sofort unterrühren. Kosten, ob die Masse pfefferig genug ist, falls nicht,
nachwürzen. Das Ganze in eine gefettete, hohe
feuerfeste Form geben und ohne Deckel 90 Minuten backen, bis die Oberfläche goldbraun ist.
Kugel aus dem Rohr nehmen und auf einen Teller stürzen. Den Nudelpudding, in Scheiben geschnitten, zu Fleisch, Salat oder Pickles reichen.
Beliebt sind auch Varianten mit Rosinen
und/oder Zwiebeln, die traditionell nach einem
Cholent serviert werden.

◆ *Kugel war-*

tet in einem

Topf, der

nach dem

Cholent auf

den Tisch

kommt.

HILBEH

Relish aus Griechischem Heu, das traditionell
zu Suppen serviert wird und die Gesundheit sowie die Vitalität stärkt

2 Eßlöffel gemahlene Griechisch-Heu-Samen
1 frische Tomate, geviertelt
1/2 Teelöffel frisch gemahlener schwarzer
Pfeffer
1 Teelöffel Zhoug (Rezept S. 39)

Zhoug 2 Stunden in kaltem Wasser einweichen
und überschüssiges Wasser wegschütten. Alle
anderen Zutaten mit einem Mixer gut vermischen und das Ganze schön schaumig schlagen.

◆ *Kugel mit*

Pickles.

Eine farben-prächtige Auswahl an Sommer- und Winter-kürbissen.

KAPITEL 6

GEMÜSE

Für die Israelis, die in großen Städten wie Jerusalem, Tel Aviv oder Haifa leben, ist der Ackerbau eine romantische, ja sogar vornehme Arbeit. Sie sprechen von Israel nicht einfach als Israel, sondern vom »Land Israel«, so als wollten sie sich selbst mit der romantischen und noblen Lebensweise der Ackerbauern identifizieren. In Wirklichkeit arbeitet jedoch nur noch ein geringer Teil der israelischen Bevölkerung auf dem Land. Das Los der Menschen sind die Städte, ein immer dichter werdender Verkehr und ein chronischer Mangel an Parkmöglichkeiten. Für die frühen Siedler war der Ackerbau jedoch eine Notwendigkeit.

◆ *Ein Stoppelfeld in der fruchtbaren Hule-Ebene. Bevor die ersten Siedler das Gebiet trockenlegten, war es ein von Moskitos verseuchter Sumpf.*

Träumer waren nicht willkommen, denn von ihnen war keine Produktivität zu erwarten. Aber es waren gerade die Träumer, die in einem Apfel nicht einfach nur eine Frucht, sondern vielmehr ein Versuchsobjekt sahen, nicht die vorgegebenen Tatsachen, sondern den Ausgangspunkt für saftigere, größere und knakkigere Äpfel und für Apfelbäume, die zu passenderen Zeiten reichere Ernten tragen konnten. Aus den Äpfeln etwas für Israel Gutes und Vorteilhaftes zu machen war ein langer, mühevoller Prozeß. Dies gilt auch für viele andere Obst- und Gemüsearten. Das Ergebnis war jedoch, daß Israel die treibende Kraft war und ist, was die Modernisierung des Ackerbaus angeht. Die Not hat uns gelehrt, immer bessere Ernten aus dem uns zur Verfügung stehenden Land zu holen. Viele einheimische Obst- und Gemüsesorten haben bis heute überlebt, obwohl ihre Anbaugebiete längst nicht mehr so eingegrenzt sind wie früher. So baut man Wein und Äpfel auf dem Golan, Getreide in der Jezreel-Ebene und in der nördlichen Negev, Orangen im Tal von Kapernaum, Wintergemüse und subtropische Früchte im Jordan-Tal, Tomaten und anderes Salatgemüse in der Wüste von Judäa. Heute kann sich Israel selbst mit Gemüse versorgen und liefert außerhalb der Saison Unmengen davon nach Westeuropa. Viele dieser Gemüse wachsen unter kilometerlangen Plastiktunneln.

Die ersten Siedler fanden sich inmitten von arabischen Gemeinden wieder und hatten nur wenige oder gar keine Werkzeuge aus ihrer alten Heimat mitgebracht. So blieb ihnen gar nichts anderes übrig, als die einheimischen Traditionen zu akzeptieren. Wie die Araber gruben sie Öfen aus Lehm in die Erde, stellten ihre eigene Butter her und tranken Buttermilch. Sie lernten, welche Gemüse in ihrer neuen Heimat wuchsen

◆ *Hauptanbau-*

gebiet für

israelischen

Weizen ist

die nördliche

Negev mit ih-

rem sandigen

Boden.

◆ *Jacob Lichansky hatte maßgeblichen Anteil an der Entwicklung der neuen israelischen Küche. Er hat einen feinen, untrüglichen Sinn für Humor und versteht eine Menge von Fisch und Gemüse.*

◆ *Auf dem Versuchsbauernhof von Neve Ur entlockt man dem Boden neue Gemüse- oder Obstsorten – Zwergmais in verschiedenen Varianten und Mini-Wassermelonen ohne Kerne.*

◆ *Der Pflanzer Kasi-
pi beliefert Hotels
und Restaurants.
Bei ihm kann man
alles kaufen – von
frischen Wachtel-
eiern bis zu reifen
Ananas.*

◆ *Shimon Shalvi aus
Nahalal hat den
größten Rettich Is-
raels gezüchtet und
hält damit einen
Rekord. Er weigert
sich beharrlich,
sein Geheimnis
preiszugeben, und
seine Pickles sind
ebenso unglaublich
wie seine Rettich.e.*

und welche nicht. Sie stellten Wein aus Pfirsichen, Aprikosen und Pflaumen her. Sie mußten eine Menge lernen, aber ihr Ziel war dabei nicht die Weiterbildung, sondern das Überleben. Sie aßen, was sie anbauten, und bauten an, was sie aßen. Wenn sie entdeckten, daß man durch die Kreuzung eines Orangenbaums mit einem Zitronenbaum einen kräftigeren, widerstandsfähigeren Orangenbaum gewinnen konnte, so kreuzten sie die beiden Baumarten. Ihre Siege waren die Frucht harter Arbeit und zähen Ringens. Sie haßten die Verstädterung und die neue, andere Art von Leben, die sie mit sich brachte.

Menschen, die ihr Leben dem intensiven Akkerbau geweiht haben, leben besonders lange. Wir, oder besser gesagt, die Kibbuzim oder Moshowim, in denen sie leben, lassen diese Menschen nicht zur Ruhe kommen, bis sie die 70 oder gar die 80 überschritten haben. Unseren alten, geduldigen und ausdauernden Ackerbauern ist es gelungen, Papayas in Gebieten anzupflanzen, in denen sie eigentlich gar nicht wachsen können. Sie haben in Form und Geschmack neuartige Apfelsorten gezüchtet, die sie oft nach ihren Enkeltöchtern nennen. Sie brachten Sellerie, Brokkoli, Rosenkohl und Chinakohl in ein Land, das bis dahin mit traditionellen Kohlsorten, Kartoffeln und Zwiebeln zufrieden war. Sie führten den Spaghettikürbis ein, ein Gemüse, das sich beim Kochen in nudelförmige Streifen auflöst. Sie nahmen den Kaktusfeigen ihre Stacheln und korrigierten damit auch das etwas »stachelige« Bild, das wir von uns selbst haben. Sie haben alles getan, um sicherzustellen, daß saisongebundene Früchte zu einem bestimmten Tag, ja zu einer bestimmten Stunde reif sind, damit sie genau im richtigen Moment auf den Markt geworfen werden können.

◆ *Frisch gepreßtes Olivenöl wird auf Farbe, Aroma und Konsistenz geprüft. Um die gewünschte Qualität zu erreichen, muß man die richtige Mischung aus grünen und schwarzen Oliven finden.*

◆ *Während der Olivenernte ist das ganze Dorf Mrar mit der Ölproduktion beschäftigt.*

◆ *Vor dem Verpacken und Verschiffen werden Tomaten nach Größe und Qualität sortiert.*

In diesem Zusammenhang mag es vielleicht überraschen, daß in einem Land, das für die Vielfalt und Qualität seines Obstes und Gemüses bekannt ist, der Gebrauch von frischen Kräutern sich erst langsam durchsetzt. Sicher haben verschiedene Volksgruppen schon immer Koriander und Minze zum Kochen verwendet, aber bis vor kurzem wurden diese Kräuter nicht kommerziell angebaut. Frische Kräuter wie Petersilie, Basilikum, Oregano, Estragon, Schnittlauch und Salbei gibt es heute zwar in allen guten Lebensmittelgeschäften, aber man begegnet ihnen immer noch mit einem gewissen Argwohn. Dennoch zeigt das Erscheinen einer Vielfalt von Kräutern, daß bei uns ein neues kulinarisches Zeitalter angebrochen ist. Und man darf annehmen, daß die Stunden von Hamburgern und Fast Food gezählt sind.

GEMÜSE

◆ *Israelischer Sa-*
lat ist eine
Adaption eines
älteren arabi-
schen Gerichts.

Rezepte

AVOCADOS
MIT TAHINI-JOGHURT

225 ml einfacher Joghurt
80 ml Tahini-Paste
1/2 Teelöffel gemahlener Kreuzkümmel
1 Prise gemahlener Koriander
1/4 Teelöffel fein gehackter Knoblauch
1 Eßlöffel Zitronensaft
1/4 Teelöffel Salz
1/4 Teelöffel Pfeffer
1 Prise Cayennepfeffer
3 reife Avocados
100 g Mandelblätter, geröstet

Joghurt in die *Tahini*-Paste rühren, Gewürze und Kräuter untermischen und abschmecken. Zugedeckt in den Kühlschrank stellen. Einige Minuten vor dem Servieren Avocados schälen und der Länge nach halbieren. Kerne entfernen und die Hälften der Länge nach in Scheiben schneiden. Diese fächerförmig auf Tellern anordnen. Joghurt-Dressing darübergeben und mit Mandeln bestreuen.

Anmerkung: Beim Vorbereiten von Avocados etwas Zitronensaft in eine Schüssel mit Wasser drücken und die Avocados nach dem Schälen und Zerteilen hineintauchen. So verhindert man, das ihr Fleisch unappetitlich schwarz-grau wird.

◆ *Salat mit Avo-cados und Gra-natapfelkernen. Die Avocado ist heute fast schon ein Syn-onym für Israel, denn sie hat als Exportartikel die Orange längst über-flügelt.*

SALAT MIT AVOCADOS
UND GRANATAPFEL

2 reife Avocados
1 Granatapfel
100 g dunkle Trauben
Zitronensaft
Wasser

DRESSING
1 Teelöffel Zucker
4 Eßlöffel Weißweinessig
2 Eßlöffel Maiskeimöl
1 Eßlöffel Erdnußöl
4 Eßlöffel gehackte Minze
Salz und Pfeffer
(Ergibt 4 bis 6 Portionen)

Avocados schälen, den Kern entfernen und in dicke Halbkreise schneiden. Diese in eine Schüssel mit Wasser und Zitronensaft legen, damit das Fruchtfleisch nicht schwarz wird.

Granatapfel halbieren und die Kerne in eine Schüssel drücken. Trauben waschen und zugeben. Avocados abgießen und zugeben.

Für das Dressing alle Zutaten in ein fest verschließbares Glasgefäß geben und 2 Minuten kräftig durchschütteln. Über die Avocado-Obst-Mischung gießen und alles vor dem Servieren gut durchmischen.

SALAT MIT FRITIERTEN AUBERGINEN

900 g Auberginen
2 Eßlöffel grobes Salz
100 g Mehl
Öl zum Fritieren
100 ml weißer Essig
100 g Chilis in verschiedenen Farben, entkernt
und in feine Ringe geschnitten
6 Knoblauchzehen, fein gehackt
2 oder 3 Eßlöffel Wasser

Auberginen ungeschält in Scheiben von 1 cm Dicke schneiden, diese in ein Sieb geben und mit Salz bestreuen. 30 Minuten ziehen lassen und überschüssige Feuchtigkeit auspressen. Auberginenscheiben leicht mit Mehl bestäuben und im heißen Öl fritieren.

In einer großen Schüssel Essig, Chilis und Knoblauch vermischen und 2 bis 3 Eßlöffel Wasser unterrühren. Auberginenscheiben heiß zugeben und vorsichtig durchmischen. Auskühlen lassen, in Gläser füllen und verschlossen in den Kühlschrank stellen. Der Salat schmeckt zwar auch frisch, gewinnt aber noch, wenn er einige Zeit aufgehoben wird.

◆ *Spaghetti-*

kürbis mit

Auberginen

und Sesam.

SPAGHETTIKÜRBIS MIT AUBERGINEN UND SESAM

1 große Aubergine
3 Eßlöffel Olivenöl
1,5 kg Spaghettikürbis
100 g Sesamsamen
2 Eßlöffel Butter
3 Knoblauchzehen, zerdrückt
Salz und Pfeffer zum Würzen
100 g geriebener Parmesan

Backrohr auf 250° vorheizen. Stiel und Spitze der Aubergine abschneiden und sie der Länge nach in 8 Scheiben teilen. Diese, mit Salz bestreut, 20 Minuten ziehen lassen und dann überschüssige Feuchtigkeit auspressen. Scheiben mit Olivenöl bepinseln und auf ein Backblech legen, 15 bis 20 Minuten, oder aber bis sie weich zu werden beginnen, backen.

Spaghettikürbis halbieren, Kerne auskratzen und ihn 20 Minuten kochen. Mit kaltem Wasser abspülen, damit sich die »Spaghetti« lösen und gut abtropfen lassen. Sesamsamen leicht anrösten, dabei aufpassen, daß sie nicht ankohlen. Auberginenscheiben durch die Sesamsamen ziehen, auf jede Scheibe einen Löffel Parmesan setzen und sie aufrollen. Butter in einer großen Pfanne erhitzen und Knoblauch darin 2 Minuten andünsten. Kürbis vorsichtig untermischen und mit Salz und Pfeffer würzen. Restlichen Parmesan daruntermischen.

Kürbis in eine Schüssel geben, Auberginenrollen darauflegen und das Gericht sofort servieren.

◆ *In Neve Ur*

dient der

Spaghetti-

kürbis auch

weiterhin

als Ver-

suchsobjekt.

MITTELMEERSALAT

6 Eßlöffel Olivenöl
1 große Knoblauchzehe, gehackt
1 Teelöffel Kümmelsamen, zerdrückt
60 ml frisch gepreßter Zitronensaft
4 große Tomaten in halbierten Spalten
2 mittelgroße Zucchini in feinen Ringen
1 mittelgroße grüne Paprikaschote in kleinen
Würfeln
2 kleine Zwiebeln, gehackt
100 g schwarze Oliven, entsteint
4 Eßlöffel gehackte Petersilie
Salz und frisch gemahlener schwarzer Pfeffer
(Ergibt 12 Portionen)

Öl in einer großen Pfanne erhitzen, aber nicht rauchen lassen. Knoblauch und Kümmel darin 2 Minuten anbraten, bis der Kümmel zu duften beginnt. Vom Feuer nehmen und auf Zimmertemperatur abkühlen lassen. Zitronensaft einrühren.
Tomaten, Zucchini, Paprika, Zwiebeln, Oliven und Petersilie in einer großen Schüssel vermischen. Dressing darübergeben und gut unterrühren. Mit Salz und Pfeffer abschmecken und zugedeckt in den Kühlschrank stellen. Kalt servieren.

◆ *Alte Olivenpresse im drusischen Dorf Mrar*

ISRAELISCHER SALAT

Für diesen Salat braucht man gutes Gemüse und erstklassiges Olivenöl und die Fähigkeit, die einfachen Dinge des Lebens zu genießen.

2 große Tomaten
2 Gurken
1 große Zwiebel
4 Eßlöffel fein gehackte Petersilie
1/2 Zitrone
60 ml erstklassiges Olivenöl
Salz und schwarzer Pfeffer zum Würzen
frisch gehackte Minze (auf Wunsch)

Gemüse mit einem sehr scharfen Messer in Würfelchen schneiden, die sehr klein und gleichmäßig sein sollen. Rotkraut, grüne Paprikaschoten oder Knoblauch können das Rezept wahlweise ergänzen – aber nur eine dieser Zutaten pro Salat. Zitronensaft auspressen und durch ein Sieb über das Gemüse gießen. Restliche Zutaten zugeben und vor dem Servieren gut durchmischen.

EINGELEGTE GURKEN

0,9 bis 1,8 kg kleine Gurken
frischer Dill
10 Knoblauchzehen
Meersalz
Wasser

1 bis 2 Dillzweige und 4 bis 5 Knoblauchzehen auf den Boden eines Glases legen und die Gurken hineinschichten. Alles mit Wasser bedecken. Die Wassermenge sollte abgemessen werden, damit man die richtige Salzdosierung bestimmen kann: Auf 225 ml Wasser kommt 1 Teelöffel Meersalz. Weitere Dillzweige und Knoblauchzehen ins Glas geben und dieses verschließen. Das Gefäß an die Sonne stellen, damit die Gurken ihre Farbe verändern.

AUBERGINEN, GEFÜLLT MIT PILZEN UND OLIVEN

2 Auberginen

1 Eßlöffel Salz

1 Eßlöffel Öl

150 g Oliven, entsteint

2 Zwiebeln

1 Paprikaschote in Streifen

350 g kleine Pilze

5 Eßlöffel frisch gepreßter Zitronensaft

3 Eßlöffel Olivenöl

2 Knoblauchzehen, zerdrückt

2 Eßlöffel gehackter Dill

2 Eßlöffel Weinessig

Backrohr auf 190° vorheizen. Auberginen der Länge nach halbieren, mit Salz bestreuen und 20 Minuten ziehen lassen. Überschüssige Flüssigkeit auspressen, Auberginenhälften auf ein gefettetes Backblech legen. Backen, bis sie ziemlich weich sind, einen Teil des Fleisches auskratzen und aufheben.

In der Zwischenzeit etwas Wasser aufkochen und Oliven zweimal darin blanchieren, damit sie nicht mehr so salzig sind. Zwiebeln in Öl leicht anbraten, Pfanne vom Feuer nehmen, Paprikastreifen, Pilze, Zitronensaft, Olivenöl, Knoblauch und Essig zugeben und alles gut vermischen. Aufgehobenes Auberginenfleisch zerdrücken und untermischen. Masse in die Auberginenhälften füllen und diese im Rohr weitere 10 Minuten überbacken.

Auberginen mit Dill bestreut zu einer Joghurtsauce servieren.

EINGELEGTE PAPRIKASCHOTEN

700 g grüne Paprikaschoten

700 g rote Paprikaschoten

600 ml destillierter weißer Essig

275 g Zucker

600 ml Wasser

8 Knoblauchzehen

4 Teelöffel Öl

2 Teelöffel Salz

4 Dillzweige

Paprikaschoten entstielen und entkernen und in 5 cm breite Streifen schneiden. Diese in eine große Schüssel legen, mit kochendem Wasser bedecken und 5 Minuten stehenlassen. Gut abgießen und zusammen mit je 2 Knoblauchzehen, 1 Teelöffel Öl, einem Dillzweig und 1/2 Teelöffel Salz in 4 sterilisierte Einmachgläser von 450 ml Fassungsvermögen geben.

Essig, Zucker und Wasser in einem sauberen Stahl- oder Emailletopf zum Kochen bringen. Die Flüssigkeit so auf die Einmachgläser verteilen, daß bis zum Rand 0,5 cm freibleiben. Glasränder mit einem feuchten Tuch abwischen und Deckel aufsetzen.

Gläser in einen Einmachtopf stellen und 5 cm Wasser eingießen. Wasser zum Kochen bringen und 5 Minuten kochen, Gläser mit Topflappen herausnehmen und auskühlen lassen. An einem kühlen, dunklen Ort aufbewahren.

◆ *Auberginen und Knoblauch könn- ten sich als gutes Heil- mittel gegen viele Übel unserer Zeit erweisen.*

GEFÜLLTE GEMÜSE

Gefüllte Gemüse kann man sowohl als Vorspeise als auch als Hauptgericht servieren, und sie machen dem Gastgeber in jedem Fall Ehre. Ob überbacken, pochiert oder leicht in Tomatensauce gedünstet – sie sind auf alle Fälle typisch für den Mittelmeerraum. Die im nächsten Rezept beschriebene Fülle ist ebenfalls typisch, kann aber durch die Beigabe von Leber oder Pinienkernen oder durch die Verwendung von Lamm- anstatt Rindfleisch variiert werden. Auberginen müssen vor dem Füllen unbedingt eingesalzen und gut ausgedrückt werden.

◆ *Verschiedene gefüllte Gemüse – Zwiebeln, Zucchini, Auberginen, rote und grüne Paprikaschoten.*

◆ *Eine Auberginenhälfte, gefüllt mit Zwiebeln, Pilzen, Oliven und roter Paprikaschote.*

GEFÜLLTE ZWIEBELN

2 große Zwiebeln
60 g Butter
Wasser
2 Eßlöffel Zitronen- oder Limonensaft

FÜLLE

225 g mageres Rindfleisch, gehackt oder durch den Wolf gedreht
80 g Reis, gewaschen und gut abgetropft
2 Eßlöffel fein gehackte Petersilie
1 Teelöffel Salz
1/2 Teelöffel schwarzer Pfeffer
1/2 Teelöffel Nelkenpulver
(Ergibt 4 bis 6 Portionen)

Zwiebeln schälen. Mit einem scharfen Messer jede auf einer Seite mit einem in Richtung Mitte verlaufenden Schnitt von oben nach unten einkerben, Zwiebeln 45 Minuten oder aber, bis die Schichten sich leicht lösen lassen, kochen. Abgießen und soweit abkühlen lassen, bis man sie anfassen kann.

In der Zwischenzeit für die Fülle alle Zutaten zu einer geschmeidigen Masse vermischen.

Zwiebelschichten vorsichtig auseinandernehmen. In den Hohlraum jeder Schicht ca. 1 Eßlöffel Fülle geben, für die inneren weniger, für die äußeren etwas mehr verwenden. Jede Schicht zu einem kleinen Päckchen zusammenwickeln und mit einem Bindfaden verschließen. Backrohr auf 180° vorheizen.

Butter in einer Pfanne zerlassen und Zwiebelpäckchen portionsweise unter gelegentlichem Wenden sautieren, bis sie zart goldfarben sind. Die fertigen Päckchen dann dicht nebeneinander in eine flache, feuerfeste, mit Öl ausgepinselte Form legen und ca. 1 cm hoch kochendes Wasser angießen. Zitronensaft darüberträufeln. Zwiebeln ca. 1 Stunde oder aber, bis das Fleisch gar ist, im Rohr backen. Mit frischem Salat oder gekochten Kartoffeln zu Tisch bringen.

KAPITEL 7

DELIKATESSEN AM STRASSENRAND

◆ *Traditionelle*
Zubereitung
von Falafel.
Die Bällchen
werden mit ei-
nem speziellen
Gerät herge-
stellt, mit dem
man sie auch
ins heiße Öl
befördert.

Ißt man in Israel außerhalb, so geschieht dies meist im Stehen. Restaurants, in denen man sich setzen kann, sind erst seit kurzem in Mode, denn wir sind immer noch eine Gesellschaft, in der gegessen wird, sobald man eben kann. Wir sind besessen, ungeduldig, stets getrieben von dem Willen weiterzumachen. Deshalb ist es uns ein Bedürfnis, schnell zu konsumieren, zu essen und wieder loszurennen. Muße gehört nicht zum israelischen Lebensstil. Dies zeigt sich besonders deutlich, wenn man sieht, wie gut die Geschäfte der Restaurants und Snackstände an den Tankstellen gehen. In den meisten anderen Ländern kann man an den Tankstellen ebenfalls einen Imbiß oder eine Erfrischung bekommen, aber dabei handelt es sich meist um konzessioniertes Fast Food.

In Israel sind die kulinarischen Angebote am Straßenrand jedoch weit ambitionierter. Während der Tank gefüllt und der Ölstand geprüft werden, kann man hier, in aller Eile natürlich, eine Auswahl von *Mezze*, gegrilltem Fleisch, gegrilltem Fisch oder so etwas wie ein Dessert zu sich nehmen. Die Qualität dieser Gerichte entspricht etwa der in den meisten Restaurants, die dieselben Speisen anbieten. Man darf also keine kulinarischen Hochgenüsse erwarten. Und wenn man auf dem Weg nach Elat mitten in der Wüste Station macht, sollte man nicht von *Haute Cuisine* träumen, sondern an die Realitäten denken – dann wird man auch zufrieden sein.

Mahlzeiten in einer Tankstelle sind mittlerweile so etwas wie eine Institution geworden, und wir essen auch dann an der Tankstelle, wenn wir nicht mit dem Auto unterwegs sind. Wir gehen zu Fuß dorthin und sind bedacht darauf, nicht in eine Öllache oder eine Benzinpfütze zu treten. Wir setzen uns hin. Wir bestellen, was auf einer Papierserviette oder einer Wandtafel angeboten wird. Und das Essen kommt – ganze Tabletts voll in unglaublich kurzer Zeit. Könnten wir ohne *Pita*-Brot überleben? Wohl kaum. Und hier ist es, angewärmt, knusprig und knakkig geröstet, aufgeschnitten und getoastet. Und hier bekommt man auch eine Auswahl an *Mezze* – rund ein Dutzend kleiner Teller mit Dips, Salaten und Pickles. Und während die Tanksäulen klingeln, löffeln wir die prachtvollen Speisen mit unserem *Pita*-Brot. Messer und Gabel kosten nämlich nur Zeit. Als Dessert süßer türkischer Kaffee. Nach dem letzten Schluck gehen wir. Wir bleiben nicht sitzen. Der Verkehr pulsiert weiter.

◆ Mezze *sollen auch den eingefleischtesten Gourmet zum Gourmand machen!*

Wer Muße nicht als Teil seines Lebens betrachtet, tendiert dazu, das Essen zu konsumieren und nicht zu genießen, und die Israelis sind nicht gerade für ihren Hang zur Muße bekannt. So haben sich für die Gewohnheit, zu essen und gleich wieder weiterzumachen, verschiedene beachtliche Lösungen gefunden.

Für Fußgänger gibt es eine andere Art von »Straßengerichten«. Am beliebtesten

◆ *Turko ist Borekas-Verkäufer auf dem HaCarmel-Markt. Er füllt seine Borekas mit allem, was das Herz der Kunden begehrt.*

ist hier zweifelsohne *Falafel*, kleine Bällchen aus Kichererbsen, Kräutern und Gewürzen, die man mit Salaten und Relishes zwischen *Pita*-Brot legt. Israel hat viel für *Falafel* getan. Denn es war bereits da, als wir nach einem Nationalgericht suchten. Ein neuer Staat, eine junge Nation – was sollten wir essen, das wir zugleich als unser eigen betrachten konnten? *Falafel*. Dabei spielt es keine Rolle, daß *Falafel* eigentlich eine arabische Erfindung war und schon wesentlich länger existiert als Israel und die Israelis. Wir brauchten ein Gericht, und *Falafel* war genau das richtige. Es ist nahrhaft, schmackhaft, würzig, rasch und leicht zuzubereiten und in reicher Auswahl an allen Straßenecken erhältlich. Farbenprächtige, fotogene *Falafel*-Stände mit lauten aggressiven Verkäufern, die halbe oder ganze *Pita*-Brote zum Bersten mit heißen, runden, duftenden Bällchen, verschiedenen Salaten und fritierten, durch Teig gezogenen Kartoffeln vollstopfen – was konnte es Besseres geben? Das ganze Paket wurde dem Kunden in die Hand gedrückt, der aus einer Reihe großer, nebeneinander stehender Gefäße die Würze seiner Wahl hinzufügte. Die Favoriten waren *Harissa* (scharfe Chilipaste) und *Tahini* (würzige Sesampaste), wäßrig und dünn, so daß sie durch den Inhalt des *Pita*-Brotes sickerten, den Arm entlang in den Ärmel liefen … Man beugte sich beim Essen vor, damit das, was heruntertropfte, nicht Hemd oder Schuhe bekleckerte.

Das war einmal. In jenen Tagen beurteilte man *Falafel* nach Konsistenz und Geschmack. Man achtete darauf, wie die zerdrückten Kichererbsen auf den Druck der Zähne reagierten, ob es mild (die moderate aschkenasische Variante) oder feurig und würzig (die typische sephardische Variante) schmeckte. Die Salate mußten frisch sein, das *Pita*-Brot direkt aus dem Ofen kommen, die Würzpasten mußten feurig und aggressiv sein und intensiv nach Kümmel duften.

Dies ist heute jedoch vorbei. Wenn man ganz intensiv sucht, trifft man vielleicht in einem arabischen Dorf oder entlang der Landstraßen noch auf einen altmodischen *Falafel*-Stand. Aber man muß schon genau wissen, wo man suchen soll, und wenn man Pech hat, ist der Stand nicht mehr da, wenn man hin-

kommt. Die modernen *Falafel*-Stände ähneln großen Hangars, in denen alle Zutaten aufgereiht sind wie die Munition eines Kampfflugzeugs. Heute bedeutet *Falafel* Quantität und nicht mehr Qualität.

Der Konkurrenzkampf ist hart. Arabische Verkäufer, die besseres *Falafel* als jeder andere verkaufen, sind nur in eingegrenzten Gebieten zugelassen.

Für den Preis eines *Falafel* kann man so viel Füllung nehmen, wie man will – man bezahlt also praktisch nur das *Pita*-Brot. Anscheinend haben wir unser *Falafel* gefunden und auch gelernt, es zu essen. Aber diese freie *Falafel*-Wirtschaft hat auch etwas Erniedrigendes. Die himmelhohen Berge von Sauerkraut, Salat und verschiedenen Pickles und die vorsichtig im Gleichgewicht gehaltenen Häufchen kalter Kichererbsenbällchen wirken alles andere als einladend. Straßengerichte sollten sinnlich, ölig, grell und zufriedenstellend sein. Aber indem sie uns ermuntern, selbst unsere Wahl unter zahlreichen Füllungen zu treffen, hat die *Falafel*-Industrie dieser Art von Gerichten ihren wahren Reiz genommen. Ich persönlich möchte, daß mein *Falafel*-Verkäufer mein *Pita*-Brot selbst füllt. Er kennt seine Kichererbsenbällchen, seine Salate und seine scharfen Sachen. Indem er das Päckchen macht, versieht er es mit einem Gütesiegel. Er ist ein stolzer Handwerker. Er würde mir keine kalten Kichererbsenbällchen oder abgestandene Kartoffeln andrehen. Entzieht man *Falafel* seiner Kontrolle, beraubt man ihn seiner Kunst.

Das bringt mich auf das *Pita*-Brot, mit dem *Falafel* steht und fällt. Was immer man mit einem *Pita*-Brot auch anfangen mag – es handelt sich stets um eine Mahlzeit. Selbst wenn wir Israelis an einem Tisch essen, sehen wir unsere Gerichte lieber auf einem *Pita*-Fladen als auf einem Teller. Am gängigsten ist der kleine *Pita*-Fladen, aber auch die größere Variante, die in der Regel irakisches *Pita* genannt wird, da sie durch irakische Juden ins Land kam, erfreut sich großer Beliebtheit. Ihre Funktion beschränkt sich darauf, als Löffel für *Humus* und

◆ *Jerusalem Mixed Grill ist eine ganze Mahlzeit auf einem Pita-Fladen. Zu den Zutaten gehören Hühnermilz, -leber und -herzen.*

ähnliche Delikatessen oder als »Brothülle« zu dienen. In Tel Aviv gibt es einen Vorort, der bekannt ist für seine kulinarischen Delikatessen und sein irakisches *Pita*. Bestellt man dort ein Gericht vom Spieß, so legt der Griller den Spieß auf ein heißes irakisches *Pita*, faltet dieses einmal zusammen und zieht mit geübten Händen den Spieß so heraus, daß das Grillgericht drinnen bleibt. Dann öffnet er

den *Pita*-Fladen, fügt *Tahini* oder *Harissa*, einen Salat oder Pommes frites hinzu und schlägt ihn wieder so zusammen, daß er beim Essen nicht bricht und nichts herauslaufen kann. Das Falten eines irakischen *Pita* ist eben eine Kunst für sich.

Das tunesische Gegenstück zu *Falafel* heißt *Brik* und ist ein knuspriges, kleines Dreieck aus *Filo*-Teig, gefüllt mit Käse oder Kartoffeln. *Brik* ist ein Verwandter des großen *Boreka*, das in der Beliebtheitsskala gleich hinter *Falafel* rangiert. Heute sind *Borekas* ein Massenprodukt, auf die eine zentrale Bäckerei das Monopol hat. Aber noch vor nicht allzu langer Zeit füllten Verkäufer ihre *Borekas* vor den Augen der Kunden und boten Gemüse und braune Eier als Beilage an.

Viele unserer Straßenhändler sind nicht ortsgebunden. Israel ist ein kleines Land und größtenteils so flach, daß man es fast mit der Schubkarre durchfahren könnte. Obst und Gemüse, besonders aber Wassermelonen, werden vom Pferdekarren aus verkauft. Man braucht praktisch nur im Pyjama vor die Tür zu gehen und sich vom fliegenden Wassermelonenhändler bedienen zu lassen. Vorbei sind jedoch die Zeiten, als Kinder mit kleinen Handkarren Kaktusfeigen frei Haus lieferten. Heute kaufen wir sie, bereits geschält und so gut wie stachellos, und verzehren sie gleich im Geschäft.

Es gibt zwar immer noch warme Bagels an manchen Straßenecken, aber man findet kaum noch Händler, die dazu frei und großzügig hausgemachtes *Za'atar*, eine salzige Mischung aus Gewürzen, Ysop und Kräuter anbieten. Die Händler verstecken ihr *Za'atar*, und man muß darum bitten. Früher dagegen wurden kleine, in Zeitungspapier gewickelte Tütchen voll *Za'atar* offen angeboten, und man konnte sein Bagel vor jedem Bissen in diese würzige Mischung tauchen.

Das heiße, feuchte Klima und die Vorliebe der Israelis für Süßes haben jedoch zum Überleben zweier alter Straßengerichte beigetragen: die Ware des *Tamarindi*-Verkäufers und die des *Malabi*-Händlers. *Tamarindi* ist ein süßes, sirupartiges Getränk aus der Tamarinde und wird aus einem Krug verkauft, den der Händler auf der Schulter trägt. Bei *Malabi* handelt es sich um ein Dessert, einem weißen, karamelähnlichen Pudding, der in kleinen Blechtassen feilgeboten wird. Da die Masse praktisch keinen Eigengeschmack besitzt, bietet man dazu verschiedene Sirupe an. Der Kunde entscheidet sich für einen Sirup, der Händler gibt eine ordentliche Portion davon in die Blechtasse und reicht diese dem Käufer mit einem Löffel. Sein Karren ist praktisch ein autarkes Versorgungsmobil, denn er verfügt über ein Bett aus Eiswürfeln für die Puddinggefäße und

◆ Ein großer Fladen irakisches Pita umhüllt einen Kebab, Humus, Mango-Chutney und Kraut.

einen Wassertank mit Hahn zum Auswaschen der leeren Tassen. Und mehr als jeder andere Straßenhändler ist der *Malabi*-Verkäufer mit seinem Karren Anziehungspunkt für die verschiedensten Menschentypen. Eilige Händler und gut gekleidete Geschäftsleute versammeln sich einträchtig um das Gefährt und genießen den Inhalt der kleinen Blechtassen. Dabei ist *Malabi* eigentlich gar keine Mahlzeit, denn es stillt weder den Hunger, noch macht es Appetit. Es ist einfach ein Dessert, das man ißt, weil man süchtig danach ist.

DELIKATESSEN AM STRASSENRAND

Rezepte

FALAFEL

225 g getrocknete Kichererbsen
1,2 l Wasser
1 Teelöffel Backsoda
1 Teelöffel Salz
1 Teelöffel Kümmelsamen
1 Teelöffel Koriander
1 Zwiebel, geviertelt
2 Eßlöffel gehackte Petersilie
2 Knoblauchzehen, zerdrückt
frisch gemahlener schwarzer Pfeffer
1 Eßlöffel Zitronensaft
1 Prise Chilipulver
Öl zum Fritieren

Kichererbsen 24 Stunden in Wasser einweichen,
abgießen und zusammen mit den übrigen Zutaten außer Öl zweimal durch den Fleischwolf
drehen. Locker mit einer Gabel durchmischen,
denn die Masse sollte luftig und bröselig sein.
Öl 5 cm hoch in einen Wok oder ein anderes Fri-
tiergefäß geben und auf eine auf mittlere Hitze
eingestellte Kochplatte stellen. Das Öl sollte eine
Temperatur von 180 bis 190° haben, wenn man
die *Falafel* hineingibt.
Während sich das Öl erwärmt, die ersten *Falafel*
formen. Dabei für jedes Bällchen einen guten
Löffel Masse nehmen und nicht zu akkurat sein,
was die Form betrifft. Da die Masse bröselig ist,
halten die Bällchen nur gerade eben zusammen.
Jedes Bällchen sollte einen Durchmesser von ca.
6 cm haben und in der Mitte 2 cm dick sein. Bällchen ins heiße Öl gleiten lassen und 4 Minuten
fritieren. Dabei mindestens einmal wenden. Mit
einer durchlöcherten Schöpfkelle herausheben
und auf Küchenpapier gut abtropfen lassen. Auf
diese Weise verfahren, bis die gesamte Teigmas-
se aufgebraucht ist. *Falafel* als *Mezze*-Gericht
oder aber zusammen mit Salaten, *Zhoug*, *Tahini*
und anderen Zutaten, in *Pita*-Brot gefüllt, servieren.

JERUSALEM MIXED GRILL

100 g Hühnerleber
100 g Hühnerherzen
60 g Hühnermilzen
60 g Truthahninnereien (auf Wunsch)
2 Eßlöffel Öl
1 Zwiebel in Ringen
3 Knoblauchzehen, gehackt
je 1/2 Teelöffel Salz, gemahlener Kreuzkümmel,
Koriander und Turmerik
2 Pita-Brote, halbiert und angewärmt

Jerusalem Mixed Grill wird nicht gegrillt, son-
dern fritiert. Leber in kleine Stücke schneiden,
Herzen und Milzen halbieren. In einer schweren
Pfanne Öl erhitzen und Zwiebelringe anbraten.
Innereien, Knoblauch, Salz und Gewürze zuge-
ben und sanft braten, bis die Innereien gar sind.
In die *Pitas* füllen, vielleicht etwas *Humus* (Re-
zept S. 39) zugeben. Echte Feinschmecker ver-
wenden für dieses Gericht die Innereien von
Tauben.

◆ Falafel-*Stände*
sind Inseln der
Kreativität.
Man bezahlt
ein Pita-*Brot*
und kann die
Füllung seiner
Wahl aus-
suchen. Dabei
sind Pickles,
Zhoug *und*
Tahini *ein ab-*
solutes Muß.

BOREKAS MIT KÄSE- ODER SPINATFÜLLUNG

TEIG
225 g Filo-Teigblätter
150 g zerlassene Butter
1 Eigelb, verschlagen mit 1 Teelöffel Wasser,
zum Bestreichen
Sesamsamen zum Bestreuen

KÄSEFÜLLUNG
100 g weißer Weichkäse
225 g fein geriebener Gruyère
2 Eßlöffel Cremekäse
1 großes oder 2 kleine Eier, leicht verschlagen
Salz und Pfeffer

SPINATFÜLLUNG
450 g frischer Spinat
1 Ei, leicht verschlagen
225 fein geriebener Gruyère
Salz und Pfeffer

Filo-Blätter 2 Stunden vor Arbeitsbeginn aus dem Kühlschrank nehmen.

Für die Käsefüllung einfach alle Zutaten mit einer Gabel verrühren oder im Mixer vermischen. Für die Spinatfüllung Spinat mehrere Male waschen, nasse Blätter ohne zusätzliches Wasser in einen Topf geben und fest verschlossen 4 bis 5 Minuten, oder aber bis das Gemüse weich ist, dünsten. Durch ein Sieb abgießen, überschüssige Feuchtigkeit auspressen. Spinat fein hacken und mit Ei, Käse, Salz und Pfeffer verrühren. Backrohr auf 180° vorheizen.

Jedes *Filo*-Blatt in Streifen von 15 cm Breite und 30 cm Länge schneiden und mit zerlassener Butter bepinseln. Dann so zusammenfalten, daß es seine Länge behält, aber nur noch halb so breit

ist. Nochmals mit Butter bepinseln. Auf eine Ecke einen gehäuften Eßlöffel Füllung setzen und zu einem Dreieck überlappen. Oberseite mit Butter bepinseln und erneut falten. Teigstreifen so lange falten, bis der ganze Streifen zu einem Dreieck geworden ist. Dabei zwischen jede Schicht Butter streichen. Fertige Dreiecke auf ein gefettetes Backblech legen, die Oberseite mit der Eigelb-Wasser-Mischung bestreichen und mit Sesamsamen bestreuen.

Borekas 25 bis 30 Minuten backen, bis sie aufgelaufen und goldbraun sind, und warm oder kalt servieren.

Für *Borekas* kann man auch Blätterteig verwenden. Dabei ebenso verfahren, wie oben beschrieben. Obwohl *Borekas* traditionell im Rohr gebacken werden, gibt es Straßenhändler, die sie fritieren. An der Form einer *Boreka* kann man in der Regel auch erkennen, womit sie gefüllt ist – in Dreiecken befindet sich Käse, in Quadraten eine Kartoffelfüllung und in Ringen Spinat.

◆ Borekas *mit braunen Eiern* (Haminados). *Die* Borekas *sind mit Käse, Spinat oder Kartoffeln gefüllt.*

GRÜNES OMELETT

2 Eier pro Person
2 Eßlöffel Wasser
1 Eßlöffel Öl, oder Öl und Butter gemischt
2 Eßlöffel fein gehackte Petersilie
1 Eßlöffel fein gehackte Korianderblätter
1 Eßlöffel fein gehackter Dill
2 Eßlöffel fein gehackte Brunnenkresse
(auf Wunsch)
Salz und schwarzer Pfeffer
1 Prise Kreuzkümmel

Für das Omelett kann man die Kräuter entweder mit den Eiern vermischen oder aber auf die Oberseite des fertigen Omeletts streuen.
Eier und Wasser verquirlen. Öl in einer Pfanne erhitzen, sicherstellen, daß es richtig heiß ist, und unter Wenden schnell 2 dünne Omeletts herstellen. Fertige Omeletts auf einer Scheibe braunem Brot mit Salatblättern und einigen Tomatenscheiben servieren.

◆ Boreka
mit Trink-
joghurt
und brau-
nem Ei.

HAMINADOS
Braune Eier

12 Eier
Schalen von 1 kg Zwiebeln
1 Eßlöffel Mehl

Eier und Zwiebelschalen in einen mit kaltem Wasser gefüllten Topf geben. Zum Kochen bringen und 30 Minuten kochen. Mehl mit etwas Wasser verrühren und damit den Topfrand bestreichen. So entsteht eine perfekte Versiegelung. Den zugedeckten Topf über Nacht in ein auf sehr niedrige Temperatur (45°) erwärmtes Backrohr stellen. Eier dann mit *Borekas* oder *Humus* servieren.

FRITIERTE KIBBEH
Pasteten aus Lammfleisch und geschrotetem Weizen

350 g feiner Bulgur-Weizen
oder geschroteter Weizen
225 g mageres Lammfleisch,
dreimal durchgehackt
1 Zwiebel, gehackt
3/4 Teelöffel Currypulver
1/4 Teelöffel Nelkenpulver
1/4 Teelöffel Zimtpulver
1/4 Teelöffel Paprikapulver oder Cayennepfeffer
Salz und Pfeffer
60 ml Olivenöl

FÜLLUNG
225 g Fleisch, gehackt oder durch
den Wolf getrieben
3 Eßlöffel Wasser
1 Zwiebel, gehackt
2 Eßlöffel Öl
1 Teelöffel Pinienkerne (auf Wunsch)
Salz und schwarzer Pfeffer
je 1 Prise Nelkenpulver und Zimtpulver
(Ergibt 6 Portionen)

Weizen 10 Minuten in kaltem Wasser quellen lassen, durch ein feines Sieb abgießen und überschüssige Feuchtigkeit auspressen.
Lammfleisch, Zwiebel, Curry, Nelken-, Zimt- und Paprikapulver oder Cayennepfeffer mit dem Weizen vermischen und zu einer geschmeidigen Masse verkneten. Dabei die Hände mehrmals befeuchten, damit die Masse nicht kleben bleibt.
Für die Füllung Fleisch mit Wasser vermischen, Zwiebel in heißem Öl goldbraun werden lassen, Fleisch und restliche Zutaten zugeben. Braten, bis die Masse ziemlich trocken und bröselig ist, und auskühlen lassen.
Aus der Weizenmasse 10 cm lange Würste formen und mit angefeuchteten Fingern in die Mitte einen Hohlraum drücken. In diesen die bröselige Fleischmasse füllen und die Enden zusammendrücken.
In einer großen, schweren Pfanne Öl erwärmen, aber nicht rauchen lassen, und die *Kibbeh* darin auf jeder Seite 4 bis 5 Minuten, oder aber bis sie

Farbe annehmen, braten. Sie mit einer durchlöcherten Schöpfkelle auf eine vorgewärmte Platte legen.

TUNESISCHES SANDWICH

4 Zitronen
1 Eßlöffel grobes Salz
1/2 Teelöffel Turmerik
2 Kartoffeln
4 längliche braune Brote oder
2 kleine Baguettes
Harissa *(Rezept S. 41)*
1 Tomate, gewürfelt
1 Gurke, gewürfelt
1 Zwiebel, fein gehackt
2 Eßlöffel Kapern
225 g Thunfisch aus der Dose
100 g schwarze Oliven

An einem Sandwichstand arbeitet man sehr langsam und scheint dabei über so wichtige Dinge wie Proportionen, Taktik und Anordnung der Zutaten nachzudenken. Denn dies ist der Sinn des Sandwichgeschäftes.

Zuerst 3 Zitronen in Scheiben schneiden, 5 Stunden in kaltes Wasser legen, aufkochen, abgießen, erneut mit Wasser bedecken, Salz und Turmerik zugeben und erneut aufkochen, dann die Zitronenscheiben in je 4 Dreiecke zerschneiden und Saft der vierten Zitrone zugeben. Kartoffeln weich kochen, abgießen, schälen und in 1 cm große Würfel schneiden. Brot der Länge nach halbieren, auf jeder Seite einen Krustenrand lassen und jede Hälfte mit *Harissa* bestreichen. Zitronen, Kartoffeln, Kapern, Thunfisch, Oliven und wieder Zitronen einschichten.

◆ *Tunesisches Sandwich, eine Köstlichkeit mit erstaunlicher Füllung.*

KAPITEL 8

ARBECUE

◆ *Eine Lamm-*
keule wird
über einem
offenen Feuer
gegrillt.

Die Israelis sind auf zwei Notfälle vorbereitet: Reserveübungen der Armee und Barbecue. Beide sind nicht notwendig unvereinbar, ja sie können sich sogar ergänzen. Für die Reserveübung braucht man lediglich ein Paar Armeestiefel, einen Rucksack mit den notwendigsten persönlichen Gebrauchsgegenständen und eine lizenzierte Waffe – Pistole oder Gewehr. Für ein Barbecue benötigt man einen winzigen Grill aus billigem Blech, eine rostige Zange und einen Sack Holzkohle. Einige Reservisten sind besser vorbereitet als andere, und einige machen sich gar nicht erst die Mühe, ihre Ausrüstung aus dem Kofferraum des Wagens zu nehmen, denn Notfälle treten in der Regel mitten in der Nacht ein.

Da ist es in jedem Fall empfehlenswerter, alles Notwendige im Auto zu haben, als die Ausrüstung im Halbdunkel die Treppe hinunterschleppen zu müssen. Eine einfache Ausrüstung hat eine Menge für sich, sie ist die simple Grundvoraussetzung für das Gelingen von Grillfleisch. Wer braucht schon teure Holzkohle, *Mesquite*, Kirschholz, Walnußholz oder ähnliches? Einfache Holzkohle wird in Israel schon seit Jahrhunderten hergestellt und verwendet – die größte arabische Stadt, Um-el-Fahem, ist nach ihr benannt. Die meisten Israelis verbringen einen Großteil ihres Lebens vor einem Holzkohlengrill, gerade weit genug davon entfernt, um das Fleisch wenden zu können, und ich habe niemals eine Diskussion über die Holzkohle gehört. Ich kann mich auch nicht an teure Feuerzeuge erinnern. Wie also heizen wir unseren Grill an? Am weitesten verbreitet ist die Verwendung von reichlich Benzin. Man fährt einfach in den Wald, stellt seinen Grill auf, schüttet einen Sack Holzkohle hinein und übergießt ihn mit Benzin aus dem Tank. Man weist die Kinder an, in sicherer Entfernung zu bleiben, und wirft ein Streichholz hinein. Von der Kohle steigt eine Stichflamme auf, die den ganzen Wald zu gefährden scheint, aber dieses Feuer legt sich schon bald, und die Kohle zerfällt zu der weißen, glimmenden Asche, die man braucht. Generationen von Israelis sind mit der Mischung aus Benzingeruch und dem Duft von gegrilltem Fleisch aufgewachsen.

An ruhigen, windstillen Tagen benutzen wir den Fächer, der zur Grundausrüstung jedes passionierten Grillers gehört. Als Fächer eignet sich so gut wie alles: eine abgebrochene Stuhllehne, ein Stück Pappe oder eine Zeitung. Das Fächern ist eine Kunst für sich. Man hält den Fächer fest und bewegt ihn so, daß die Luftstöße die Glut anfachen. Und man sollte diese Aufgabe nicht auf die leichte Schulter nehmen. Sie erfordert volle Konzentration, und das Handgelenk muß streng rhythmisch bewegt werden. Seit neuestem gibt es bei uns auch selbstbrennende Holzkohle, vornehmlich aus Frankreich, aber sie braucht ewig, bis sie Feuer fängt, flackert und zischt dann böse. Für eine ordentliche Brise oder einen talentierten Fächerschwenker gibt es also keinen Ersatz.

In Israel hat das Barbecue eine lange Tradition. Es ist eine Art Nationalsport, von dem sich nur die Mitglieder orthodoxer Gemeinden ausschließen. Vor zwanzig Jahren war das Barbecue der Höhepunkt jedes Landausflugs. Die Fa-

◆ *Unsere lieb-*

ste Freizeit-

beschäfti-

gung:

Kochen im

Wald. Hier

wird ein

Stück Pappe

als Fächer

benutzt.

milien fuhren ins Grüne, die Kinder gingen Blumen pflücken, die Mütter breiteten die Decken aus, und die Väter entfachten das Feuer. Heute verzichtet man weitgehend auf die Schönheit der Landschaft und die gute Luft und stürzt sich auf jeden Grasflecken. Manche stellen ihren Grill sogar auf den Grünflächen zwischen vielbefahrenen Straßen auf.

◆ *Die Israelis züchten Gänse ihrer Leber wegen.*

◆ *Hühnerhaltung im Freien wird immer beliebter.*

Die Qualität des israelischen Fleisches wird beständig besser. Heute kann man nach bestimmten Fleischarten fragen und bekommt sie auch. Es gibt Metzger, die genau über ihr Fleisch Bescheid wissen, es ordentlich aushängen und ihren Kunden empfehlen, was sie kaufen sollen. Aber obwohl das Fleisch besser geworden ist und wir gelernt haben, ein gutes Lammkotelett zu schätzen, sind unsere Grillgeräte so konstruiert, daß zwischen Rost und Kohle nur ein sehr geringer Zwischenraum bleibt.

Mehr als jede andere Facette der israelischen Küche macht das Grillen von Fleisch die Verbindung von arabischer mit west- und osteuropäischer Kochtradition deutlich. Die meisten Restaurants, in denen Fleisch serviert wird, bieten dieses vom Spieß an. Araber tendieren mehr zu Lammfleisch, während die Juden mageres Rindfleisch und Hackfleisch bevorzugen.

Natürlich gibt es auch Ausnahmen. Aus Südamerika eingewanderte Juden sind vertraut mit *Carne asado* und *Chorizos* und halten ihr Fleisch vom offenen Feuer fern, und die Juden aus Nordafrika und dem Jemen haben ihre eigenständige Küche. In der Regel schneidet man in Israel Grillfleisch jedoch in Würfel, steckt dieses auf Metallspieße und grillt das Fleisch rasch über starkem Feuer. Nur in teuren und vornehmen Restaurants erfüllt man den Wunsch nach halbroh oder medium. Meist wird der Gast nicht gefragt, wie er sein Fleisch wünscht, aber es ist trotzdem gut.

Ein amerikanischer Kritiker im kulinarischen Bereich

schrieb, daß seine Landsleute die Barbecue-Methode, wie so viele andere Dinge auch, den Indianern abgeschaut hätten. Im späten 16. Jahrhundert notierte John White in der Siedlung auf Roanoke Island in Virginia, daß die Indianer, die er beobachtet hatte, ihren Fisch über dem offenen Feuer rösteten und darauf achteten, daß er nicht verbrannte. 1705 beschrieb Robert Beverly in »The History and Present State of Virginia« die indianische Kochmethode etwas genauer. Er hatte beobachtet, daß das Fleisch auf etwas entfernt von den glimmenden Kohlen durch Astgabeln gesteckte Stöcke gelegt wurde, damit das Fett austrocknete und das Fleisch sanfter gegart wurde. Zwei Jahrhunderte später erklärte das amerikanische Landwirtschaftsministerium, Barbecue sei Fleisch, das unter direkter Einwirkung der Hitze eines Holz- oder Kohlenfeuers lange genug gegart wurde, um typische Eigenschaften, wie die Bildung einer braunen Kruste, zu entwickeln. Alle diese gelehrten Essays ignorieren den Mittleren Osten und seinen zwar bescheidenen, aber dennoch nicht unerheblichen Beitrag zur Geschichte des Barbecue. Über seine Entstehung gibt es zahlreiche widersprüchliche Geschichten, aber ich persönlich glaube, daß es vor 27 000 Jahren entstand, als die Menschen das Feuer entdeckten. Der erste, der ein Barbecue beschrieb, war wohl Homer, bei dem zu lesen ist, daß Automedon das Fleisch gehalten und der strahlende Achill es in Stücke geschnitten und auf Spieße gesteckt habe.

1960 schrieb James Beard über die Veränderungen in der Kunst des Barbecue. Der Wandel sei in seinen Augen einfach phänomenal, hieß es da, denn als er vor zwanzig Jahren erstmals über das Kochen unter freiem Himmel geschrieben habe, habe es nur wenige Köche gegeben, die in der Regel in einem Inferno aus Rauch und Flammen Steaks oder Hamburger schwärzten. Ohne damit gleich eine ganze Nation diffamieren zu wollen, muß ich leider sagen, daß er dabei bestimmt an Israel gedacht hat. Im Gegensatz zu den

◆ *Das Fleisch der meisten in Israel gezüchteten Rinder wandert auf den Grillrost.*

◆ *Obwohl sie schon längst keine Nomaden mehr sind, weiden die Beduinen auch heute noch ihre Schafe in der Negev.*

meisten Köchen in der übrigen Welt begannen die israelischen Köche mit dem Barbecue und beschäftigten sich erst später mit Saucen und Soufflés.

Während ich aufwuchs, lernte ich mehr über Barbecue als über andere Kochmethoden. Jahrelang war das Ausgehen für mich identisch mit dem Verzehr von gegrilltem Fleisch. Andere Leute gingen Pizza oder Hamburger essen, wir dagegen aßen *Kebabs*. Diese waren billig und sättigend. Und bis heute ist *Kebab* das billigste Fleischgericht geblieben. Der niedrige Preis mag argwöhnische Menschen zu der Annahme verleiten, daß es sich dabei um Fleisch aus dunklen Quellen handelt. Nun, früher bekam man, wenn man Lammfleisch verlangte, Truthahn, beschmiert mit Hammelfett, und wenn man Kalbfleisch wollte, erhielt man Hühnchen. Noch dubioser als das Fleisch vom Spieß war das Hackfleisch für Pasteten. Aber auch das hat sich geändert. Steaks kommen in der Regel vom Rind und sind dünn geschnitten. Wenn wir reines Lammhack oder gewürfeltes Lammfleisch verwenden, wissen wir, was wir essen. Lammfleisch eignet sich am besten für *Kebabs* – es ist aromatisch und würzig, wird oft mit Zimtstangen gespickt und mit reichlich gehackter Petersilie und Pinienkernen bestreut.

Bedenkt man die heftige, oft feindselige Kritik am Grillfleisch, so brauchte der Fisch eine erstaunlich lange Zeit, bis er seinen Weg auf den Grillrost fand. Mittelmeerfische eignen sich besonders gut zur Zubereitung über starker Hitze und einem Hauch von Rauch. Das Grillgitter hinterläßt zarte Muster auf der knusprigen Haut, und der Meergeschmack bleibt im Innern erhalten. Als Beilage braucht man lediglich eine nach Zitrone schmeckende Sauce. Aber wir kennen auch sanftere Methoden zum Grillen von Fisch – beispielsweise das Einwickeln in Weinblätter.

Wie erklären doch alle Restaurant- und Küchenführer übereinstimmend, wenn sie, was allerdings höchst selten vorkommt, Israel erwähnen? »Sind Sie in Israel, müssen Sie unbedingt an einem Barbecue teilnehmen.«

BARBECUE

Rezepte

◆ *Shish Kebab,*
Rindermark
am Spieß und
Schaschlik vom
Lamm sehen
sich ziemlich
ähnlich.

SCHASCHLIK

Lammfleisch am Spieß

MARINADE

100 ml frisch gepreßter Zitronensaft

100 ml trockener Rotwein

3 Eßlöffel frisch gehackter Rosmarin oder

1 Eßlöffel getrockneter Rosmarin und

Rosmarinzweige zum Garnieren

1 Eßlöffel fein gehackter Knoblauch

1 Teelöffel getrocknete rote Chilis

1 1/2 Teelöffel Salz

3/4 Teelöffel frisch gemahlener

schwarzer Pfeffer

175 ml Olivenöl

FLEISCH UND GEMÜSE

1 Lammkeule von 1,8 kg Gewicht, ausgelöst

und in Würfel geschnitten

4 mittelgroße Zucchini

4 kleine Zwiebeln

4 gelbe Paprikaschoten

450 g Cherry-Tomaten

(Ergibt 16 Spieße)

Zutaten für die Marinade vermischen und unter Rühren dabei das Öl so einfließen lassen, daß die Masse emulgiert. Lammfleischwürfel zugeben und sicherstellen, daß sie ganz von der Marinade bedeckt sind. Zugedeckt mindestens 6 Stunden oder aber über Nacht in den Kühlschrank stellen.

Holzspieße 1 Stunde ins Wasser legen, bevor man Fleisch und Gemüse draufspießt, Metallspieße vor dem Benutzen mit Öl bepinseln, Grill vorheizen.

Zucchini der Länge nach vierteln, in ca. 4 cm große Stücke schneiden und in kochendem Salzwasser gerade eben weich werden lassen. Zwiebeln in 8 Stücke schneiden, mit Cocktailspießchen oder Zahnstochern zusammenhalten und in kochendem Salzwasser blanchieren. Paprikaschoten in mundgerechte Stücke schneiden.

Fleisch, Zwiebeln, Zucchini, Paprika und Tomaten auf die Spieße stecken, dabei die Spießchen aus den Zwiebeln entfernen. Alles mit etwas Marinade bepinseln.

Auf dem eingeölten Grillrost 15 cm über den Kohlen unter wiederholtem Begießen mit der Marinade und gelegentlichem Wenden grillen.

Das Fleisch ist in 15 bis 18 Minuten durch, braucht aber weniger Zeit, wenn sie es medium wollen. Oder aber die Spieße unter den vorgeheizten Grill des Backrohrs schieben, wo das Fleisch in 12 bis 15 Minuten durch ist.

Marinade nach dem Grillen wegschütten und nicht zum Schaschlik servieren.

◆ *Die rumänischen Juden bevorzugen große* Kebabs *und bestreuen sie großzügig mit Knoblauch.*

LAMMKEULE
IN KRÄUTERMARINADE

MARINADE

100 ml Weißweinessig
225 ml Olivenöl
2 Eßlöffel frischer Thymian
2 Eßlöffel frischer oder 2 Teelöffel getrockneter
Rosmarin
1 Eßlöffel frischer oder 1 Teelöffel getrockneter
Oregano
3 Eßlöffel frische oder 1 Eßlöffel getrocknete
Minze
2 große Knoblauchzehen
1 Teelöffel frisch gemahlener schwarzer Pfeffer
1 Lammkeule von 1,5 bis 2 kg Gewicht
12 Knoblauchzehen, halbiert
(Ergibt 8 bis 10 Portionen)

Die Zutaten für die Marinade in einem Mixer vermischen. Lammkeule in eine große Schüssel legen und Marinade darübergießen. Das Fleisch mit den halbierten Knoblauchzehen spicken. Zugedeckt 24 Stunden in den Kühlschrank stellen, dabei mehrmals wenden, damit das Aroma der Marinade die Keule von allen Seiten durchdringen kann.

Keule aus dem Kühlschrank nehmen und 1 Stunde stehenlassen. Auf ein Grillgitter legen, Fettpfanne unterschieben und mit Salz bestreuen. Grill vorheizen und Lammkeule 14 Minuten auf jeder Seite grillen, falls das Fleisch gut medium werden soll. Oder aber die Keule auf einen Rost 20 cm über den Kohlen 12 Minuten grillen, wenn das Fleisch gerade eben medium werden soll.

Keule auf ein Schneidebrett geben und 10 Minuten liegenlassen. Dann das Fleisch dünn, quer zur Faser aufschneiden, wobei das Messer in einem Winkel von 45° geführt wird. Sofort mit gegrilltem Gemüse zu Tisch bringen.

GEGRILLTE
LAMMKOTELETTS

je 1/4 Teelöffel Nelkenpulver, schwarzer
Pfeffer, Kardamom, Zimt und Salz
8 Lammkoteletts

Gewürze vermischen und die Koteletts damit bestreuen. Das Fleisch auf den Grillrost oder unter den vorgeheizten Grill des Backofens legen und auf beiden Seiten grillen, bis die Koteletts braun sind und zischen. Mit Reis servieren.

◆ *Wilder Rosmarin auf dem Grundstück eines Klosters in der Nähe von Jerusalem.*

169

ROTE HÜHNCHEN
À LA TOURAN

Viele Köche und Restaurantbesitzer kommen
aus diesem kleinen Dorf in Obergaliläa.

4 Küken oder kleine Hühnchen
von je 450 g Gewicht
4 Eßlöffel grobes Salz
3 Zwiebeln, in Ringe geschnitten
3 Knoblauchzehen, zerdrückt
1/2 Teelöffel schwarzer Pfeffer
1/2 Teelöffel Safran
1/4 Teelöffel gemahlener Kardamom
1/4 Teelöffel gemahlene Nelken
2 Eßlöffel Somek
100 ml Olivenöl
4 große Pita-*Fladen*

Hühnchen säubern, innen und außen mit Salz
einreiben und 1 Stunde in den Kühlschrank stellen. Zwiebeln und Knoblauch in einen niedrigen
Topf geben, der groß genug ist, alle 4 Hühnchen
aufzunehmen. Gewürze vermischen. Hühnchen
aus dem Kühlschrank nehmen, waschen, trok-
ken tupfen und innen und außen mit der Ge-
würzmischung einreiben. Mit der Brust nach
oben nebeneinander in den Topf legen und mehrere Stunden in den Kühlschrank stellen.
Topfinhalt in eine große, flache Pfanne geben,
500 ml Wasser angießen, zum Kochen bringen
und zugedeckt so lange kochen, bis die Hühnchen schön weich sind. Dabei verdampft das
Wasser. Sollte dies jedoch zu schnell gehen,
noch etwas Wasser nachgießen. Vom Feuer nehmen und Olivenöl einrühren. In den Topf zurückgeben und 8 Minuten grillen, Zwiebeln auf
die Pita-Fladen verteilen, Hühnchen darauflegen und noch weitere 5 Minuten grillen.

Anmerkung: Somek *ist ein rotes, salziges Pulver,*
das den meisten würzigen Gerichten einen beson-
deren Geschmack verleiht. Es ist eine gute Ergän-
zung für jedes Gewürzbord, kann aber bei diesem
Rezept auch weggelassen werden, da es nur Far-
be gibt.

SHISH KEBABS

Hackfleisch am Spieß

350 g Kalbfleisch
550 g Lammfleisch
1 kleiner Bund Petersilie
1 Zwiebel
4 Knoblauchzehen
1/2 Teelöffel Nelkenpulver
1/2 Teelöffel Zimt
Salz und Pfeffer zum Würzen

Fleisch, Petersilie, Zwiebel und Knoblauch zusammen fein hacken oder durch den Fleischwolf
drehen. Gewürze gut untermischen. Von der
Masse gehäufte Löffel abstechen und zu dünnen
Würstchen formen. Diese auf flache Metallspieße stecken und grillen, bis sie braun zu werden
beginnen und zischen. Wenden und von der anderen Seite grillen.
In Israel serviert man gegrilltes Fleisch in der
Regel auf einer gesonderten Platte, wenn *Pita*-
Brot, *Mezze* und israelischer Salat bereits auf
dem Tisch stehen. Auf der Straße wird gegrilltes
Fleisch zusammen mit Salaten und *Tahini* in *Pi-*
ta-Brote gefüllt oder in große *Pita*-Fladen ge-
wickelt (siehe dazu S. 148).

◆ *Rotes Hühn-*

chen auf

einem Pita-

Fladen.

FISCH VOM HOLZKOHLENGRILL

500 g Fisch (Barsch, Seebarsch, Schnapper)
oder 1 kleiner Fisch (Brasse, Meeräsche) pro
Person
gehackte Petersilie und Zitronenspalten
zum Garnieren

MARINADE 1
80 ml Olivenöl
1 Eßlöffel Salz
1 Teelöffel Nelkenpulver
2 Eßlöffel frisch gepreßter Zitronensaft

MARINADE 2
1 Zwiebel in Ringen
2 Eßlöffel Zitronensaft
3 Eßlöffel Olivenöl
1 Eßlöffel Salz
1/2 Teelöffel schwarzer Pfeffer
1 Knoblauchzehe, fein gehackt
1 Teelöffel gemahlener Kreuzkümmel
4 Lorbeerblätter

Fische säubern, waschen und trockentupfen. Große Fische zu Steaks zerschneiden. Marinade Ihrer Wahl mischen und in eine flache Schüssel gießen. Fische hineinlegen und sicherstellen, daß sie ganz von der Marinade bedeckt sind. 2 Stunden ziehen lassen.
Fische aus der Marinade nehmen und auf ein leicht geöltes Grillgitter legen oder auf Spieße stecken. Über dem Holzkohlengrill unter ständigem Begießen mit der Marinade grillen, dabei alle 2 bis 3 Minuten wenden. Die durchschnittliche Grillzeit beträgt 15 bis 20 Minuten und hängt von der Größe der Fische ab. Die Haut sollte knusprig sein und das Fleisch sich leicht lösen lassen.
Fische auf einer Servierplatte anrichten, mit Petersilie und Zitronenspalten garnieren und sofort servieren.

◆ *Ein großer Barsch nimmt das Aroma frischer Kräuter über einem offenen Feuer auf.*

GEGRILLTER UND GERÄUCHERTER BARSCH

1 mittelgroßer Barsch
(oder Seebrasse, Schnapper, Barracuda oder Bonito)

Sollten Sie das große Glück haben, beim Tiefseetauchen einen schönen Barsch zu erwischen, so können Sie sich gleich vor Ort am Strand ein Festmahl zubereiten. Sparen Sie sich die Mühe, den Fisch noch zu transportieren und in den ohnehin schon vollen Kühlschrank oder die Gefriertruhe zu packen.
Drei große Steine zusammentragen und so zu einem Dreieck zusammenlegen, daß die Oberseiten eine ebene Fläche bilden. Fisch säubern, schuppen und in Meerwasser abwaschen. 3 kräftige Stöcke (besser noch Metallstäbe) so über die Steine legen, daß sie ein Dreieck bilden. Das ist der Grillrost. Wenn das Feuer anfängt, auszugehen, Fisch auf den Rost legen und 20 Minuten auf jeder Seite grillen – ein Fisch von 2 kg Gewicht braucht mindestens 45 Minuten Garzeit. Frische Kräuter wie Thymian, Rosmarin und Majoran sammeln (falls Sie sich nicht in Israel befinden, müssen Sie sie vorher mitbringen) und das Feuer damit bedecken, damit ein ordentlicher Rauch entsteht. Fisch 1 Stunde darin ziehen lassen. Aufpassen, daß die Kräuter nicht Feuer fangen, im Notfall mit Meerwasser löschen. Der Fisch schmeckt heiß oder kalt.

KAPITEL 9

WEIN UND GEISTIGE GETRÄNKE

◆ *Ohne gute*

Trauben gibt

es auch keinen

guten Wein.

Heute hat sich

der Wein in

Israel bereits

einen guten

Markt erobert.

In Israel wird nur wenig Alkohol getrunken. Die Israelis bestellen zwar mal eine Flasche Weißwein zum Essen, sitzen den ganzen Abend vor einer Flasche Bier oder sind um einen Tisch voll leerer Flaschen versammelt anzutreffen – aber all das macht sie keineswegs zu wirklichen Trinkern.

Es gibt mehrere Gründe dafür, warum Israel es nicht geschafft hat, in die Liste der trinkfreudigen Nationen aufgenommen zu werden. Da ist einmal die Geschichte. Juden haben nie gern Alkohol getrunken. Sicher, an den langen und kalten Winterabenden in Rußland oder Polen haben sie sich schon mal einen Schnaps genehmigt, aber die Tage, an denen sie sich in der Regel zu einem guten Tropfen versammelten, waren der Freitagabend und die Feiertage.

175

Ihr Wein war gesegnet, eher ein Opfer und süß, also kein Wein, der zu einer Mahlzeit paßt. Ein weiterer Grund ist unsere Sicherheit. Obwohl die Armeen der Nationen, die gern trinken, merkwürdigerweise auch stets bereit sind, ziehen wir es vor, nüchtern zu bleiben.

Unsere speziellen Sicherheitsprobleme verlangen, daß wir allezeit nüchtern sind. Und dann ist da noch das Wetter. Unsere Sommer sind lang und ungewöhnlich warm, und es ist einfach zu heiß für Alkohol. Und wenn wir uns dann doch  entschließen, einen Schluck zu uns zu nehmen, so stellen wir fest, daß kühles Bier, *Arrak*, ein an Ouzo oder Pernod erinnerndes Anisgetränk, oder kalter Weißwein den Durst am besten löschen. Wir stehen weder auf schwere, sirupartige Liköre noch auf Steaks oder Hamburger, Whisky oder Cognac.

◆ *Das Markenzeichen des größten israelischen Weinproduzenten sind die beiden von Josua in der Bibel ausgesandten Kundschafter. Sie kehrten mit Trauben zurück, um so zu beweisen, daß das Land, das sie erkundet hatten, von Milch und Honig überfloß.*

Und um der Wahrheit die Ehre zu geben – wir hatten jahrelang auch keine erwähnenswerte Weinindustrie. Selbst in alten Zeiten galten wir nicht als gute Weinhersteller, und erst in den 80er Jahren konnten Weinbau und Weinkonsum in Israel richtig Fuß fassen.

Die meisten israelischen Weingüter stammen vom Anfang dieses Jahrhunderts. Die beiden größten in Rishon Le-Zion und Zikhron Ya'akov wurden mit Unterstützung und finanziellen Mitteln des Baron de Rothschild gegründet. Französische Winzer und ortsansässige Bauern pflanzten die Weinstöcke, und man errichtete zwei gut ausgestattete Kellereien. Der dort produzierte Wein war jedoch viel zu süß für einen ordentlichen Tafelwein. Als man dann schließlich doch gute Tafelweine herstellte, erkannten die Winzer rasch, daß sie sich in Israel nicht absetzen ließen. Denn wir hatten zwar nun einen ordentlichen Wein, aber dafür keine Gerichte, zu denen man ihn trinken konnte. In jenen Tagen verfügten wir über Sauvignon Blanc und Cabernet Sauvignon und gelegentlich auch über eine Flasche Semilion oder Colombard. Diese wurden jedoch an die Läden der näheren Umgebung geliefert, wo man sie dem direkten Sonnenlicht aussetzte. Natürlich verdarben sie rasch, und wenn ein feinfühliger Gourmet seine er-

◆ *Israels erstes*

Weingut wur-

de von Baron

de Rothschild

in Rishon Le-

Zion gegrün-

det.

◆ *Ein Wagen*

voll am Mor-

gen frisch

geernteter

Trauben auf

dem Weg in

den Wein-

keller.

ste Flasche probierte, war der Inhalt sauer, und er verlor schon bald den Mut.

So blieb uns nichts anderes übrig, als uns an Bier zu halten. Die ersten Siedler erkannten schon bald, daß Bier das beste und passendste Getränk für ein heißes Land war, in dem viel gearbeitet wurde, denn Bier ist ein ausgezeichneter Durstlöscher. Außerdem ist es so sättigend, daß man es fast schon als flüssiges Brot bezeichnen könnte, und es stellt einen natürlichen Kontrast zu den scharf gewürzten Speisen dar, die wir so sehr lieben. Wir verfügen über drei mehr oder weniger einheimische Biersorten. Alle sind von der Qualität her gleich, aber eine, ein klares, geschmacksintensives, an europäisches Pilsener erinnerndes Bier, ist einfach hervorragend.

Als dann schließlich doch die große Revolution auf dem Nahrungsmittelmarkt einsetzte, befanden sich die israelischen Weinproduzenten bereits in den Startlöchern. Um zu verdeutlichen, wie dies geschah, müssen wir ungefähr zehn Jahre zurückgehen. Der erste einigermaßen ordentliche israelische Wein wurde auf einem Weingut auf dem Golan hergestellt und abgefüllt. Auf dem Golan Weinbau zu betreiben, war die geniale Idee eines Moshavnik, der bereits großen Erfolg mit seinen Äpfeln gehabt hatte. Der Boden auf dem Golan ist einheitlich und durch vulkanische Eruptionen entstanden, die einst das ganze Gebiet erschütterten. Das kühle Hochlandklima mit kalten Nächten, angenehm warmen Tagen, reichlichen Niederschlägen und seltenem Frost ist ebenfalls ideal für den Weinbau.

In den frühen achtziger Jahren produzierte man auf dem Golan, nachdem man mehrere Jahre unter Aufsicht eines kalifornischen Weinherstellers experimentiert hatte, den ersten wirklich guten Wein, einen sehr trockenen, charakteristischen Sauvignon Blanc. Da die Weinhersteller vom Golan überzeugt waren, daß sie mit ihrem Produkt im Ausland mehr Erfolg haben würden als in der Heimat, suchten und erschlossen sie einen respektablen Markt in Europa und den USA.

◆ *So sah das Weingut in Rishon Le-Zion ursprünglich aus.*

◆ *Der Kellermeister bei der Arbeit.*

Und im Ausland wurde ihr Wein tatsächlich ein Erfolg. Er war nämlich nicht nur gut, sondern stammte obendrein aus Israel, wo man schließlich bereits seit Jahrhunderten Wein produzierte!

Nachdem sie Kisten voller Medaillen und Urkunden auf internationalen Weinwettbewerben gesammelt hatten, machten sich die Winzer vom Golan nun daran, den heimischen Markt zu erobern. Der Zeitpunkt war denkbar günstig, denn während ihre Weine den internationalen Markt eroberten, hatte in Israel die lang erwartete gastronomische Revolution stattgefunden. Ich gebrauche in diesem Zusammenhang das Wort Revolution keineswegs leichtfertig. Denn die Veränderungen waren in der Tat dramatisch. Hunderte von Restaurants schossen praktisch über Nacht aus dem Boden, und die internationale Küche erfreute sich schon bald einer größeren Beliebtheit als die aus dem mediterranen oder arabischen Raum. Zum erstenmal bot sich uns die Gelegenheit herauszufinden, welche Küche wir wirklich bevorzugten – die französische, die japanische, die italienische oder die amerikanische. Dabei war es auch nicht weiter verwunderlich, daß wir schon bald ein feines Gespür für gute Weine entwickelten. Als all dies geschah, war man auf dem Golan bestens vorbereitet – mit neuen und aufsehenerregenden Weinen.

Heute können wir nicht mehr nur unter drei, sondern unter fünfundzwanzig verschiedenen einheimischen Weinen wählen. Die alten, süßen Weine ließen sich nicht mehr verkaufen, und die anderen Weingüter mußten wohl oder übel dem Beispiel der Weinproduzenten auf dem Golan folgen. Man begann, über Wein zu diskutieren und Werbung für ihn zu machen. Genossenschaften und Weinzeitschriften traten auf den Plan. Es gab große Werbekampagnen, und jedes Gut wollte die Nase vorn haben. Die Konsumenten sahen sich mit einer ganzen Reihe von Etiketten und Weintypen konfrontiert. Die Preise waren anfangs noch sehr hoch, sanken aber schon bald durch die steigende Nachfrage.

Wir sind immer noch nicht so große Weintrinker wie beispielsweise die Franzosen oder die Italiener. Aber wenn wir einen Anlaß zum Feiern haben, können wir unter einer großen Anzahl einheimischer Weine unsere Wahl treffen.

WEIN UND GEISTIGE GETRÄNKE

Rezepte

BARSCH MIT FENCHEL UND ARRAK

1 großer Barsch (oder Seebrasse, Schnapper),
geschuppt und ausgenommen
(pro Person rechnet man 350 g)
4 Fenchelknollen in dünnen Scheiben
Salz und frisch gemahlener schwarzer Pfeffer
2 Zwiebeln, in feine Ringe geschnitten
3 Knoblauchzehen, zerdrückt
100 ml Olivenöl
100 ml Arrak (Ouzo oder jeder andere Anis-
schnaps)

Innenseiten des Fisches und Fenchelscheiben
mit Salz und Pfeffer würzen. Zwiebeln, Knoblauch und Olivenöl mit dem Fenchel vermischen
und mit einem Großteil der Masse den Fisch füllen. Mit der restlichen Masse den Boden einer
töneren Bratpfanne bedecken, Fisch darauflegen, mit Folie abdecken und bei moderater Hitze (180°) im Rohr garen. Ein großer Fisch
braucht ungefähr 1 Stunde, ein kleinerer weniger als 30 Minuten. Erwärmten Arrak über den
Fisch gießen und flambieren. Sobald die Flammen verloschen sind, Fisch zu Tisch bringen.

◆ *Barsch mit*

Fenchel und

Arrak.

ENTENBRUST IN WEINSAUCE

2 Entenbrüste (oder Gänsebrüste) von je 350 g
Gewicht
1 Zwiebel, fein gewürfelt
2 Eßlöffel getrocknete Kirschen
1/4 Teelöffel schwarzer Pfeffer
1 Prise brauner Zucker
225 ml trockener Rotwein
3 Eßlöffel braune Grundsauce
4 Eßlöffel Butter
(Ergibt 4 Portionen)

Entenbrüste einige Male mit der Gabel einstechen und mit der Fettseite nach unten in eine
kalte, große, schwere Pfanne legen. Über mittlerer Hitze garen, bis sie schön braun sind. Zwiebel, Kirschen, Pfeffer und Zucker zugeben, Entenbrüste wenden, Wein und Sauce zugeben. Entenbrüste aus der Pfanne nehmen, in Scheiben
schneiden und auf einer Servierplatte anrichten.
Pfanneninhalt auf 1 Viertel einkochen lassen,
vom Feuer nehmen und Butter untermischen.
Sauce über das Fleisch geben und das Gericht
sofort mit Bratkartoffeln servieren. Das Fleisch
sollte nie zu lange gegart sein.

FLAMBIERTE GÄNSELEBER

100 g Gänseleber pro Person, gut gekühlt
Salz, weißer Pfeffer
frisch abgeriebene Orangenschale
Halleluya-Likör (aus Orangen) oder
Grand Marnier
braune Grundsauce

Leber in 0,8 cm dicke Scheiben schneiden, mit
Salz und Pfeffer würzen und in den Kühlschrank
stellen.
Eine schwere Pfanne erhitzen und die Leber-
scheiben darin von jeder Seite ca. 2 Sekunden
sautieren – da Gänseleber sehr fett ist, braucht
man kein Öl. Überschüssiges Fett zur Weiter-
verwendung aufheben. Etwas Orangenschale, 1
Eßlöffel braune Grundsauce und 2 Eßlöffel warmen Likör über die Leber gießen, flambieren
und sofort servieren. Diese Delikatesse
schmeckt hervorragend als eigenständiges Gericht zu einem guten Weißwein.

GRUNDSAUCE

In den meisten klassischen Kochbüchern findet
sich ein Rezept für braune Grundsauce aus
Rindfleisch, Rinderknochen
und Gemüse. In Israel kennen
wir eine ähnliche Grundsauce,
die oft über Nacht zubereitet
und dann als Suppe serviert
wird.

◆ *Mit Orangen-*

likör flambierte

Gänseleber.

◆ *Entenbrust*

in Wein-

sauce.

GEFÜLLTE TAUBEN

225 g Reis
6 Tauben, ausgenommen und gesäubert
5 Knoblauchzehen, zerdrückt
150 g gehackte Walnußkerne oder Pistazien
4 Eßlöffel gehackte Petersilie
Salz und frisch gemahlener schwarzer Pfeffer
1 Prise Kardamompulver
frisch geriebene Muskatnuß zum Würzen
Öl
3 Zwiebeln in Ringen
1 Karotte in Scheiben
1 Teelöffel Selleriesalz
1 l schwarzes, alkoholfreies Malzbier
100 ml Brandy
(Ergibt 4 bis 6 Portionen)

Reis 12 Minuten in Salzwasser kochen und gut abgießen. Taubenleber würfeln, mit dem Reis, 3 Knoblauchzehen, Nüssen, Petersilie und Gewürzen vermischen. Tauben locker mit der Masse füllen und die Öffnungen verschließen. Tauben pro Seite 5 Minuten anbraten, auf den Rücken legen, restlichen Knoblauch, Zwiebeln, Karotte und Selleriesalz in die Pfanne geben.
10 Minuten sautieren. Malzbier und Brandy angießen und alles in eine feuerfeste Schüssel geben. Tauben zugedeckt 2 Stunden im auf 150° vorgeheizten Rohr garen, bis sich das Fleisch leicht von den Knochen löst. Deckel abnehmen und weitere 15 Minuten garen. Falls die Tauben zu trocken wirken, noch etwas Malzbier nachgießen. Tauben auf eine Servierplatte legen, Sauce abseihen, etwas davon über die Vögel geben und den Rest separat reichen. Als Beilage serviert man Pickles.

KOMPOTT MIT TROCKENFRÜCH-TEN UND ROTWEIN

getrocknete Aprikosen, Pflaumen, Datteln,
Rosinen und blanchierte Mandeln
in gleicher Menge
2 Nelken
2 Kardamomschoten
1 Zimtstange
Rotwein
Schlagsahne

Trockenobst 15 Minuten in kaltem Wasser einweichen, abgießen und Wasser wegschütten. Früchte, Mandeln und Gewürze in eine schwere Pfanne geben und mit Rotwein bedecken. Zum Kochen bringen und unter gelegentlichem Rühren 12 Minuten simmern. Nelken, Kardamomschoten und Zimt herausfischen und Kompott auskühlen lassen. Zugedeckt in den Kühlschrank stellen. In Kompottschalen servieren und die Sahne separat dazu reichen.

HAGEBUTTENCOCKTAIL

450 g Hagebutten
225 g Zucker
100 ml Zitronensaft
500 ml Roséwein
225 ml weißer Rum
Saft von 1 Granatapfel (auf Wunsch)

Hagebutten waschen, mit Wasser bedecken und 4 Stunden in den Kühlschrank stellen. Hagebutten weich kochen, Flüssigkeit in eine Pfanne seihen und die Früchte wegwerfen. Zucker zugeben und 5 Minuten kochen. Restliche Zutaten untermischen und kalt werden lassen. Zu Eis servieren, auf Wunsch mit Rosenblättern garnieren.

◆ *Gefüllte Taube mit Zwergauberginen.*

◆ *Kompott mit Trockenfrüchten und Rotwein.*

KAPITEL 10

OBST UND DESSERTS

Das hebräische Wort *sabra* bedeutet soviel wie stachelig, dornig, rauh. Mit *Sabra* (Plural *Sabres*) bezeichnet man sowohl die Kaktusfeige, eine äußerst beliebte einheimische Frucht, als auch den typischen, in Israel geborenen Israeli, der alle für die Kaktusfeige charakteristischen Eigenschaften in sich vereint. Diese Bezeichnung hat sich im Lauf der Jahre fest eingebürgert, und wir fühlen uns durch sie nicht mehr gekränkt – im Gegenteil, wir sind bis zu einem gewissen Grad sogar stolz auf sie. Denn wie viele Völker tragen schon den Namen einer Frucht?

◆ *Ein Teller mit reifen Feigen und Kaktusfeigen.*

Eine Zeitlang war der Name auch durchaus passend. Kaktusfeigen haben Stacheln, eine dicke Haut und sind normalerweise nur zwei Monate im Sommer erhältlich. Es ist sehr schwer, sie zu ernten, und sie wurden lange nicht im großen Stil vermarktet. Hat man sie jedoch erst einmal gepflückt, von den Stacheln befreit und aufgeschnitten, so schmeckt das Fleisch süß, typisch und einmalig. Und wenn man einem ganzen Volk den Namen einer solchen Frucht gibt, so kann *Sabra* eigentlich kein schlechter Name sein.

Früher wurden Kaktusfeigen überwiegend von Kindern verkauft, die sie auf kleinen Handkarren durch die Straßen zogen, die Stacheln entfernten und die Früchte den Kunden reichten, die sie gleich an Ort und Stelle verzehrten. Kaktusfeigen waren eine Spezialität, die man nicht, wie andere Früchte, kiloweise im Laden kaufen konnte. Doch dann kamen die Züchter.

Heute erlebt die echte Kaktusfeige infolge des Kommerzes einen Niedergang. Der Handel bietet eine neue bessere, stachellose, perennierende *Sabra* an. Und die Moral von der Geschichte ist, daß diese *Sabra* nicht länger ein Symbol für uns Israelis darstellt – es sei denn, auch wir sind neuer, besser, stacheloser und beständiger geworden.

Der Überfluß an Obst in Israel kann einem fast schon angst machen. Un-

◆ *Wenn man eine Wassermelone kauft, ist der Händler gern bereit, ein Stück als Kostprobe herauszuschneiden.*

◆ *Im Sommer trifft*

man überall auf

Stände mit Wasser-

melonen. Sobald

die Saison vorüber

ist, verschwinden

sie wieder.

sere Früchte kennen keine Saison mehr. Trauben gibt es vom Frühjahr bis November, Wassermelonen von März bis September, Zitrusfrüchte das ganze Jahr über. Der Anblick ist schon überwältigend. Denn der typische israelische Obststand ist das ganze Jahr über beladen mit reifen, süßen Früchten, die nur darauf warten, verzehrt zu werden. Und da einheimische Früchte offenbar noch nicht genug sind, haben wir es in den letzten Jahren auch geschafft, tropische und exotische Früchte wie Papaya, Kiwi, Sharon-Frucht/Persimone, Carambola, Passionsfrucht, Ananas, Lychee, Kumquat, Datteln, Feigen, Aprikosen und Pfirsiche oder Feijoa bei uns heimisch zu machen.

Es ist fast schon Tradition, daß jedes Jahr ein besonders fortschrittlicher Moshaw oder Kibbuz mit einer neuen Frucht aufwartet, die in aller Heimlichkeit perfektioniert und den lokalen Gegebenheiten angepaßt wurde. Junge Botaniker sind damit beschäftigt, Größe und Farbe der Wassermelonen zu verändern – sie streben neue, kleinere, saftigere und kernlose Melonen an. Und sie verändern auch das Aussehen von Einlegegemüse. Denn sie erklären, daß runde Gurken besser in ein Glas passen als lange. Und so züchten sie Gurken, die aussehen wie grüne Tomaten. Aber einige dieser interessanten Neuzüchtungen verschwinden nach einem Jahr bereits wieder von der Bildfläche. Denn warum soll man sie weiter anbauen, wenn sie niemand haben will? Und schließlich hat man ja immer noch eine »Designer-Frucht« in Reserve.

Und wir verstehen es auch, uns unsere Früchtevielfalt zunutze zu machen. In fast jedem Haushalt können Mitglieder und Gäste unter einer großen Vielfalt frischer Früchte wählen. Wir kaufen Obst nicht zu besonderen Gelegenheiten, es gehört vielmehr zu unseren Grundnahrungsmitteln und wird tagtäglich verzehrt. So grenzt es fast schon an ein Wunder, daß eine so an frisches Obst gewöhnte Nation sich mit Kuchen und Konditorwaren abgibt. Aber dennoch gehören Kuchen und süße Desserts fest zur kulinarischen Tradition aller in Isra-

◆ *Rahat Lokum, eine türkische Delikatesse, wird in einem alten Betrieb in Jerusalem immer noch mit der Hand hergestellt.*

◆ *Kandierte Früchte von Havillo in Jerusalem.*

◆ *Obststand in*
Ramat Hasha-
ron, einem wohl-
habenden Vor-
ort von Tel
Aviv. Ein ty-
pisch israeli-
sches Phäno-
men ist die
Tatsache, daß
Sommer- und
Winterfrüchte
zusammen ange-
boten werden.

◆ *Die Ernte der*

mit Stacheln be-

wehrten Kaktus-

feigen (Sabras)

ist ein schwieri-

ges und nicht

ganz ungefährli-

ches Unterfan-

gen.

el ansässigen Minderheiten, und keine von ihnen hat bisher zugunsten von Obst auf Kuchen verzichtet.

Obwohl sie griechischen oder türkischen Ursprungs sind, gehören *Baklava* und *Konafa* zu den beliebtesten arabischen Süßspeisen. Sie werden sowohl zu Hause als auch für den Handel hergestellt. Und obwohl so manche passionierte Hausfrau ihre Nase über kommerzielle Konditorwaren rümpft, sind diese stets frisch, schmackhaft und ein Leckerbissen für jeden, den es nicht stört, woher sie kommen. *Baklava* und *Konafa* sollten leicht, knusprig und zart sein, und die Füllung sollte aus Pistazien und Walnüssen, nicht aber aus Erdnüssen bestehen. Obwohl sie aussehen, als seien sie auf komplizierte Weise entstanden, sind *Baklava* und *Konafa* leicht zuzubereiten.

Ein weiteres typisch israelisches Dessert ist türkischer Kaffee. Um diese winzigen, halb mit starker, aromatischer Flüssigkeit gefüllten Tassen ranken sich zahlreiche Mythen und Legenden. Die Beduinen brühen ihren Kaffee in Töpfen mit dünnen Hälsen und langen Henkeln, den *Finjans* oder *Tanakas* auf, die es in verschiedenen Größen gibt. Ihr Kaffee besteht aus sehr fein gemahlenen, mit einigen Korianderkörnern vermischten Kaffeebohnen und wird dick, stark und in der Regel sehr süß getrunken. Vor dem Servieren kochen sie den Kaffee im *Finjan* siebenmal auf, damit sich ein sehr geschmacksintensiver, köstlicher Schaum entwickeln kann.

Obst und Desserts

◆ *Alt und neu. Während Jaffaorangen auf der ganzen Welt einen guten Ruf genießen, sind israelische Erdbeeren weniger bekannt. Aber sie werden jedes Jahr größer und besser.*

Rezepte

BAKLAVA
Schichtgebäck mit Nüssen und Sirup

450 g Filo-Teig (ca. 24 Blätter)
225 g zerlassene Butter
275 g Pistazien, Walnüsse oder Mandeln, grob
gehackt
2 Eßlöffel Zucker

SIRUP
250 g Zucker
100 ml Wasser
1 Eßlöffel Zitronensaft
1 Eßlöffel Orangenblütenwasser

Für den Sirup Zucker in Wasser und Zitronensaft lösen und erwärmen, bis die Masse so dick ist, daß sie einen Messerrücken überzieht. Orangenblütenwasser zugeben und weitere 2 Minuten simmern. Auskühlen lassen und in den Kühlschrank stellen.

Boden und Seiten einer großen, runden oder quadratischen Backform mit zerlassener Butter bepinseln, die Hälfte der *Filo*-Blätter hineinlegen. Dabei jedes Blatt mit Butter bestreichen und notfalls Blätter falten oder einschlagen. Backrohr auf 180 bis 190° vorheizen. Gehackte Nüsse und Zucker mischen und auf die Teigblätter streuen. Restliche Teigblätter wie oben beschrieben darüberschichten. Oberstes Blatt mit Butter bepinseln. Mit einem scharfen Messer das Ganze diagonal mehrmals einschneiden.

30 Minuten bei 180 bis 190° backen, Temperatur auf 230 bis 240° erhöhen und weitere 15 Minuten backen. Die *Baklava* soll schön locker und zart goldfarben sein. Aus dem Rohr nehmen und sofort mit dem Sirup aus dem Kühlschrank übergießen. Auskühlen lassen.

Zum Servieren entlang der Diagonallinien zerschneiden und auf eine Platte legen. Oder aber eine Platte stürzen, eine weitere Platte darauflegen, die Oberseite nach oben kehren und entlang der Diagonalen zerteilen.

ROSEN MIT ZUCKERGUSS
Eine luxuriöse und sehr attraktive Garnierung für Desserts

10 makellose, halb aufgeblühte, ungespritzte
Rosen mit Stiel
4 Eiweiß
4 oder 5 Eßlöffel Wasser
450 g Zucker/Streuzucker

Hauptsächlich rote Rosen verwenden. Da Rosen aus dem Blumenladen in der Regel gespritzt sind, am besten auf Blumen aus dem eigenen Garten zurückgreifen. Denn Rosenblätter sind eßbar und haben einen guten Geschmack.

Wasser vorsichtig unter das Eiweiß rühren (nicht schlagen), Rosenblüten hineintauchen und so bewegen, daß alle Blütenblätter mit der Masse überzogen sind. Blumen 10 Minuten in eine Vase stellen. Mit Hilfe eines Siebs dann mit einer dicken Zuckerschicht überziehen. Rosen an den Stielen aufhängen und 2 Tage trocknen lassen. Auf ein Tablett legen und weitere drei 3 Tage trocknen lassen. Dann in einem luftdicht verschließbaren Gefäß oder in der Gefriertruhe aufbewahren. Glasierte Rosen eignen sich besonders als Garnierung für Pudding und andere Desserts und halten, wenn sie gut mit Zuckerguß überzogen und getrocknet sind, bis zu 6 Wochen.

◆ Schichttörtchen mit Nüssen und Sirup gibt es in verschiedenen Formen und Geschmacksrichtungen.

◆ *Sesam-*

und

Erdnuß-

riegel.

GLASIERTE FEIGEN

900 g ganze, frische Feigen
900 g Zucker
100 ml Wasser
60 g Sesamsamen
60 g blanchierte Mandeln
2 Eßlöffel frisch gepreßter Zitronensaft

Feigen waschen und mehrmals mit einer Gabel einstechen. Zucker im Wasser auflösen, Feigen, Sesamsamen, Mandeln und Zitronensaft zugeben und bei sehr niederer Hitze 2 Stunden köcheln. Die Feigen sollten fast transparent erscheinen. Auskühlen lassen und bei Zimmertemperatur servieren.

SESAMRIEGEL

75 g Sesamsamen
350 g Zucker
175 ml Wasser
1 Teelöffel Zimt
1 Prise Nelkenpulver
1/2 Teelöffel Zitronensaft

In einer Antihaftpfanne Sesamsamen goldbraun rösten. Da sie sehr viel Fett enthalten, ist dazu kein Öl nötig. Zucker in Wasser auflösen, zum Kochen bringen und kochen, bis der Zucker braun zu werden beginnt. Sesamsamen, Zimt, Nelkenpulver und Zitronensaft zugeben und unter Rühren noch 3 Minuten kochen. Vom Feuer nehmen, auf eine feuchte Marmorplatte gießen und zu einer 1 cm dicken Platte ausrollen. Mit einer Tortenschaufel rasch von der Platte heben und in Rechtecke schneiden. Oder aber auf der Platte trocken werden lassen und in Stücke brechen. In einem luftdicht verschließbaren Gefäß aufbewahren. Anstatt Sesamsamen kann man auch Mandeln oder Pinienkerne verwenden.

KANDIERTE ORANGEN- UND GRAPEFRUITSCHALEN

2 große Orangen
2 dickschalige Grapefruits
1 kg Zucker
450 ml Wasser
Saft von 1 Zitrone

◆ *Kandierte*

Orangen- und

Grapefruit-

schalen.

Schalen der Früchte mit Hilfe einer Bürste abschrubben, Früchte halbieren und das Fleisch auskratzen. Die Hälften in eine Schüssel mit Wasser legen und 2 Tage einweichen. Dabei das Wasser einmal wechseln. Abgießen und Schalen in Streifen schneiden. Streifen in einen großen Topf geben, mit Wasser bedecken, aufkochen, 15 Minuten kochen und abgießen. Diesen Vorgang noch zweimal wiederholen.

Zucker und 450 ml Wasser zu den Schalen geben, aufkochen und 2 Stunden bei sehr geringer Hitze im offenen Topf köcheln. Sobald alle Flüssigkeit verdampft ist, Zitronensaft so einrühren, daß er alle Schalen überzieht. Wer will, kann nun die Schalenstreifen noch in Zucker wenden. Das ist aber nicht unbedingt nötig. Einige Stunden auf einem Teller oder Wachspapier trocknen lassen und in einem luftdicht verschließbaren Gefäß aufbewahren.

TANGERINEN-SORBET

225 g Zucker
225 ml Wasser
900 gTangerinen
1/2 Grapefruit
1 Teelöffel Cointreau oder Orangenlikör

Zucker im Wasser auflösen und zum Kochen bringen. 5 Minuten kochen, vom Feuer nehmen und auskühlen lassen. 3 Tangerinen schälen und die Schalen aufheben. Die Hälfte der Früchte in Spalten teilen und diese sehr sauber schälen. Saft der restlichen Tangerinen und der Grapefruit auspressen.

Sirup, Tangerinenschalen und Likör verrühren und die Masse in eine Gefriertruhe geben. Während des Gefrierens zwei- bis dreimal alle 20 Minuten aufschlagen, damit das Sorbet schön weich bleibt. Mit Tangerinenspalten garniert servieren.

◆ *Glasierte*

Feigen.

BRATÄPFEL

10 Kochäpfel

225 ml Rotwein

2 Eßlöffel Zucker

150 g Rosinen

60 g zerlassene Butter

Grand Marnier oder Orangenlikör (auf

Wunsch)

Äpfel waschen und das Kerngehäuse entfernen. Dabei Früchte aber nicht durchschneiden. Äpfel auf ein gefettetes Backblech legen. Backrohr auf 180° vorheizen.

Wein, Zucker, Zimt und Rosinen vermischen und etwas davon in jeden Apfel füllen. Äpfel mit zerlassener Butter glasieren und ca. 1 Stunde backen. Heiß oder kalt servieren, dabei auf Wunsch mit je 1 Teelöffel Likör übergießen.

GEBACKENE QUITTEN »OLYMPUS«

5 Quitten

1 l Wasser

700 g Zucker

300 ml Zitronensaft

3 Zimtstangen

(Ergibt 10 Portionen)

Stengel und Blütenansatz der Quitten entfernen, die Früchte waschen, der Länge nach halbieren, schälen und in Wasser legen, dem etwas Zitronensaft zur Wahrung der Farbe zugesetzt wurde.

2/3 des Zuckers im Wasser auflösen und aufkochen. Zitronensaft, Zimt und Quittenhälften zugeben und 15 bis 25 Minuten kochen, bis die Früchte weich sind – sie zum Probieren mit einer Gabel anstechen. Quitten mit der Schnittfläche nach oben auf ein Backblech legen, Sirup darübergießen und mit dem restlichen Zucker bestreuen. Backrohr auf 230° vorheizen und Quitten backen, bis sie die Farbe dunklen Goldes angenommen haben. Hitze abschalten. Quitten im Rohr auskühlen lassen. Bei Zimmertemperatur servieren.

◆ *Gebackene*

Quitte.

◆ *Bratäpfel,*

gefüllt mit

Rosinen.

SALAT MIT KAKTUSFEIGEN

Saft von 1 Orange
Saft von 1 Zitrone
1/2 Teelöffel Kardamompulver
1 Eßlöffel Nußöl
3 Kaktusfeigen
2 Dessertäpfel in feinen Streifen
1 rote Paprikaschote in feinen Streifen
1 Prise Chilipfeffer

Orangen- und Zitronensaft, Kardamom und Nußöl in einer Salatschüssel verrühren. Kaktusfeigen unter fließendem Wasser schälen und die Stachelansätze aus dem Fleisch schneiden. Feigen in Scheiben schneiden und zusammen mit den Äpfeln und den Paprikaschoten und eventuell einigen feinen Gurkenscheiben in die Schüssel geben. Mit etwas Chilipulver bestreuen, gut durchmischen und zusammen mit anderen Salaten als Beilage servieren.

KAKTUSFEIGENSAUCE

8 Kaktusfeigen
Saft von 1/2 Zitrone
2 1/2 Eßlöffel Kirschlikör
2 Eßlöffel Arrowroot

Feigen schälen, hacken und das Fleisch durch ein Nylonsieb in einen kleinen Topf streichen. Zitronensaft und Kirsch zugeben und durchwärmen. Arrowroot zu einer geschmeidigen Paste verrühren und zugeben. Aufkochen und 2 bis 3 Minuten köcheln, bis die Masse anfängt, sich sirupartig zu verdicken. Heiß oder kalt zu Fruchtsorbets oder gegrillten Früchten reichen.

◆ *Salat mit*

Kaktus-

feigen.

MA'AMOUL

Kleine Törtchen mit Dattel- und Nußfüllung

FÜLLUNG

100 g getrocknete Datteln, entkernt
100 g Walnüsse, grob gehackt
100 g Mandeln oder Pistazien, grob gehackt
150 ml Wasser
100 g Zucker
1 gehäufter Teelöffel Zimt

TEIG

450 g Mehl
225 g zimmerwarme Butter
2 Eßlöffel Rosenwasser
4 bis 5 Eßlöffel Milch
grober Zucker

Für die Füllung Datteln hacken, mit den Nüssen, dem Wasser, Zucker und Zimt in einen Topf geben und bei geringer Hitze kochen, bis die Datteln weich sind und das Wasser verdampft ist.

Für den Teig Mehl in eine Schüssel sieben, die Butter hineinbröseln und unterarbeiten. Rosenwasser und Milch zugeben, das Ganze zu einem geschmeidigen Teig verarbeiten. Diesen in walnußgroße Stücke teilen, Backrohr auf 150° vorheizen.

Teigstücke zu Kugeln formen, diese mit dem Daumen aushöhlen und die Ränder so hochziehen, daß ein Fingerhut entsteht. In jeden Fingerhut etwas Dattelmasse füllen, Teigränder darüberziehen und das Ganze wieder zu einer Kugel drehen. Diese etwas abflachen und mit einer Gabel auf der Oberseite Muster einzeichnen – gerade Linien sind das traditionelle Muster.

Die Kugeln auf ein gefettetes Backblech legen und ca. 30 Minuten backen. Sie dürfen dabei nicht bräunen, da sie sonst hart werden. Nach dem Auskühlen in Zucker wenden und in einem luftdicht verschließbaren Gefäß aufbewahren.

◆ Ma'amoul

sind kleine,

mit Datteln

und Nüssen

gefüllte

Törtchen.

HALVAH-SOUFFLÉ

6 Löffelbiskuits
175 g Halvah
30 g Stärke oder Maismehl
2 Eßlöffel Zucker
1 Prise Salz
6 Eigelb und 4 Eiweiß
2 Eßlöffel Brandy
225 ml Milch
30 g Mehl

Für dieses Gericht benötigt man eine Souffléform von 1 l Fassungsvermögen. Innenseiten der Form mit Butter ausstreichen und mit Mehl bestäuben. Überschüssiges Mehl ausklopfen. Boden mit Biskuits auslegen, diese notfalls brechen.

Halvah zerbröseln und mit etwas Wasser zu einer geschmeidigen Paste verrühren. Stärke, die Hälfte des Zuckers, 1 Prise Salz, 6 Eigelb und Brandy zugeben, gut vermischen. Milch fast bis zum Siedepunkt erhitzen, dabei beständig mit einer Gabel schlagen. Mehl hineinsieben, kurz durchschlagen und auskühlen lassen. Backrohr auf 210° vorheizen.

Eiweiß mit dem restlichen Zucker steif schlagen, 1/3 davon unter die Halvah-Masse mischen, den Rest langsam unterheben. Masse in die Souffléform füllen und das Ganze 25 Minuten backen. Dabei die Ofentür nicht öffnen. Sollten Sie befürchten, daß die Oberseite des Soufflés braun wird, einen Bogen gefettetes Pergamentpapier auf die Form legen, bevor sie ins Rohr kommt. Soufflé sofort servieren.

◆ Halvah

und star-

ker türki-

scher

Kaffee

mit Kar-

damom.

BISKOTCHOS

Knusprige, salzige Teekringel, die wie Bagels
aussehen

25 g Hefe
1/2 Teelöffel Zucker
225 g lauwarmes Wasser
350 g Mehl
200 g Margarine, Backfett oder Speck in
kleinen Stücken
1 knapper Teelöffel Salz
1 Eßlöffel Öl
Anis-, Kümmel- oder Korianderpulver (auf
Wunsch)
Sesamsamen

Hefe und Zucker in etwas Wasser auflösen und
10 Minuten quellen lassen. In die Mitte des in eine Schüssel gesiebten Mehls eine Vertiefung
drücken, Margarine, Salz, Öl, Hefemasse und
restliches Wasser hineingeben. Auf Wunsch etwas Anis, Kümmel oder Koriander zugeben. Einen weichen, elastischen Teig kneten, zugedeckt
an einem warmen Ort 1 Stunde gehen lassen.
Backrohr auf 190° vorheizen.
Den Teig in 25 bis 30 walnußgroße Stücke zerschneiden. Ein Backbrett mit
Sesamsamen bestreuen. Aus
den Teigstücken bleistift-
ähnliche Rollen von ca. 10
cm Länge formen und in den
Sesamsamen wenden. Enden
so zusammendrücken, daß
kleine Kringel entstehen,
diese auf ein gefettetes Backblech legen und 45 Minuten
backen. In einem luftdicht
verschließbaren Gefäß aufbewahren.

◆ *Pfefferminztee*

mit Biskotchos

◆ *Ein Obst-*

und

Gemüse-

händler in

Jericho bei

der nach-

mittägli-

chen Tee-

pause.

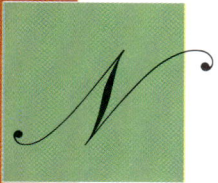EUE ISRAELISCHE KÜCHENCHEFS

Einige meiner besten Freunde sind Küchenchefs, und sie sind wirklich eigenartige Menschen. Sie bleiben bis tief in die Nacht wach und versuchen, sich exakt die zwei Wochen im Frühling ins Gedächtnis zurückzurufen, in denen die weißen judäischen Trüffel wachsen. Treibt man sie mit Fragen in die Enge, so geben sie freimütig zu, daß diese weißen Trüffel, die die Beduinen in der Wüste von Judäa sammeln, es überhaupt nicht wert sind, daß man für sie den Schlaf opfert. Sie sind trocken und pulverig, aber eben die einzigen Trüffel, die wir haben. Und man muß schließlich patriotisch sein.

Denn wären wir keine Patrioten – wie in aller Welt könnten wir dann in einem Land ohne Trüffeln, ohne Austern, Muscheln, Hummer und ordentliche Shrimps leben, deren Zubereitung uns die Gesetze des *Kaschrut* ohnehin verbieten?

Meine Freunde sitzen nachts am Fenster und warten auf Regen. Denn wenn es regnet, sind die Fische frisch und fest, und die Pilze sprießen. Wenn ich dann einwerfe, daß der einzige Pilz, der bei uns wächst, schmierig und fleischig ist und stundenlang geputzt werden muß, was Geschmack und Konsistenz erheb-

lich beeinträchtigt, werden sie fuchsteufelswild.

Unsere tapferen neuen Küchenchefs sind stets die ersten auf dem Markt, betasten Tomaten und Salatköpfe, legen ihr Ohr an Wassermelonen und weisen wutentbrannt Fische mit glanzlosen Augen zurück. Die Händler erkennen sie schon von weitem. »Für Sie«, sagen sie, »haben wir fangfrische Meerbarben, direkt vom Boot. Sehen Sie nur, wie leuchtend rot ihre Haut ist.« »Kommt«, insistieren dagegen meine Freunde, »zeigt uns endlich die gute Ware.« Und gute Ware gibt es immer – gut versteckt im hintersten Winkel großer Kühlschränke, außer Reichweite der Philister. Meine Freunde betasten die Fische und schürzen die Lippen. Die Fische sind nicht gerade ein Ausbund an Jugend und Leben, aber sie werden ihren Zweck erfüllen. Forellen kommen einmal die Woche aus dem Norden, und wenn sie sie heute nicht kaufen, sitzen sie für den Rest der Woche ohne Forellen da. Und man darf seine Gäste schließlich nicht allzu oft enttäuschen.

Dies also sind die neuen israelischen Küchenchefs, die eigentlich gar keine Verwendung für das Wort »Chef« haben. Sie sind einfach Köche. Sie lieben gutes Essen. Sie verehren alles, was neu ist. Sie versuchen, das Unmögliche möglich zu machen. Sie haben eine Mission zu erfüllen – die Schaffung einer israelischen Küche. Es gibt Kritiker, die dieses Unternehmen als Selbstmordkommando bezeichnen. In ihren Augen gibt es nämlich keine gastronomischen Grenzen mehr zu überwinden und kein kulinarisches Neuland mehr zu erschließen. Jeder war schon überall und hat schon alles probiert. Israelisches Essen ist und wird nichts anderes sein als eine lebendige Hybride, ein Medley von Hits – ein bißchen arabisches Gewürz, ein Hauch von Orient, eine Prise Osteuropa, garniert mit frischen einheimischen Produkten.

Meine Freunde erlauben sich jedoch, anderer Meinung zu sein. Hin und wieder setzen sie sich hin und schreiben Rezepte auf, wobei sie großen Wert auf eine detaillierte Beschreibung der neuen Elemente legen. Bereitet man beispielsweise eine Avocadosuppe zu und ersetzt dabei den Koriander durch Ysop, so ist die Suppe nicht mehr mexikanisch, sondern israelisch. Ysop, ein einheimisches, be-

reits in der Bibel erwähntes Kraut, hat eine grundlegende Veränderung bewirkt. Benutzt man für gefüllte Tauben anstatt Tauben Wachteln, so ist das Gericht nicht mehr französisch, sondern israelisch. Unsere Vorfahren haben sich in der Wüste von Wachteln ernährt. Also sind Wachteln unser ureigenes Erbe. Wir haben lange gebraucht, bis wir Wachteln züchten konnten, aber wir haben es schließlich geschafft . Und es gibt noch mehr Beispiele. Backt man den in Teig panierten Ziegenkäse aus und fügt Mangosauce hinzu, so hat man, vorausgesetzt, Käse und Früchte stammen aus Israel, ein 101prozentig israelisches Gericht, was denn sonst?

Israels neue Köche verschanzen sich hinter heißen Öfen, schreiben Bücher und treten im Fernsehen auf – aber sie haben die Kritiker noch längst nicht besiegt. Ihre Suche nach der kulinarischen Identität Israels mutet manchmal etwas unglaubwürdig an. Seit der Jordan die Grenze zur West Bank bildet, wurden die arabischen Olivenölproduzenten mit Öl geradezu überschwemmt, von dem die Israelis nur einen geringen Teil konsumieren können. So ist es wohl kaum der richtige Zeitpunkt, Olivenöl als israelische Erfindung zu deklarieren. Israelisch nennen die Köche auch eine erstaunliche Karottenart, die nur im Gazastreifen wächst. Sie ist von leuchtend purpurroter Farbe, knackig, geschmackvoll und bestens für Garnierungen geeignet. Die Suche der Köche wird aber auch durch das Phänomen »heute da und morgen verschwunden« gehemmt. So geschah das beispielsweise mit dem Ingwer.

Ingwer wird, wie jeder weiß, vor allem in der chinesischen und in der japanischen Küche verwendet und kam vor einigen Jahren auch nach Israel. Einige Bauern begannen damit, Ingwer anzubauen, und es gab eine große Werbekampagne, die kräftig von einem auf chinesische Küche spezialisierten israelischen Koch unterstützt wurde. Wo man auch hinkam – die Menschen sprachen von Ingwer. Ein Jahr später war Ingwer jedoch plötzlich verschwunden. Der Koch, der sich so stark für ihn eingesetzt hatte, rief seinen Lieferanten an. »Wo bleibt mein Ingwer?« fragte er. »Nicht rentabel genug«, antwortete der Bauer. »Er hat sich nie richtig durchgesetzt.« »Was meinen Sie mit rentabel?« schrie der Koch. »Jeder hat doch von Ingwer gesprochen. Die Leute haben Riesenmengen gekauft.« »Nein«, gab der Bauer zurück, »er verdarb in den Lagern. Niemand hat Ingwer gekauft.«

Das war das Ende des israelischen Traums vom Ingwer. Der Spezialist für chinesische Küche verwendet ihn zwar auch weiterhin, läßt ihn aber von Freunden und Gästen aus dem Ausland mitbringen.

Und dann ist da noch die Geschichte von den Wachteleiern. Wo es Wachtelweibchen gibt, gibt es bekanntlich auch Eier. Und diese eignen sich besonders gut zum Einlegen oder für die Küche. Versuchsküchen im ganzen Land arbeiteten hart an der Erprobung eines Originalrezepts. Sie waren ganz nahe dran, so nahe, daß sie das Ergebnis fast schon schmecken konnten. Aber je näher sie der Lösung ihres Problems kamen, desto knapper wurden die Eier. »Was ist mit unseren Eiern passiert?« fragten sie, und der kühne Moshavnik, der ihnen nie versiegenden Nachschub versprochen hatte, murmelte etwas davon, daß Wachteln in Gefangenschaft nicht mehr so produktiv seien. Es schien, als ob die Vögel sich zu beengt fühlten und zu verängstigt waren, um Eier zu legen.  »Wir bezahlen natürlich größere Käfige«, versprachen die Versuchsköche. »Wir brauchen die Eier.« »Vergessen Sie die Eier«, gab der Moshavnik zurück. »Ich habe eine neue Ware: Aale. Was halten Sie von Aal?«

Die Geschichte des Bauern war in der Tat etwas »fischig«. Schließlich fanden die eierlosen Köche nämlich heraus, daß Wachteleier über erstaunliche Heilkräfte verfügten und beispielsweise gegen Asthma und Allergien helfen sollten. Der Bauer hatte mehrere Snackbars eröffnet, in denen frische Wachteleier angeboten wurden, und machte ein Bombengeschäft. Die Menschen strömten hinein, verschlangen die frischen Eier und gingen wieder, in der Gewißheit, sich wesentlich besser zu fühlen. Kein Verschiffen, kein Verpacken und keine Unordnung.

Ein Bauer aus dem Süden Israels brachte vor kurzem eine Art japanischen - *Shitake*-Pilz auf den Markt, erlebte aber einen Reinfall.

Die neuen Küchenchefs müssen auch gegen die Meinung ankämpfen, es sei unpassend, Werbung für gutes Essen und guten Wein zu machen. In den Augen dieser Jeremiasse ist Essen Teil einer langen Tradition von Sühne und Leiden. Sie sind immer noch der Ansicht, daß wir in Notzeiten leben, keines unserer politischen Probleme wirklich gelöst ist, wir ständig am Rand eines Krieges stehen und unsere Wirtschaft verfällt. Sie essen, um zu überleben, und nicht, um das Leben zu genießen. Für sie ist die Diskussion um die Vorteile von Beluga-Kaviar und das Bukett eines neuen Weines dekadent und nicht zu verantworten. Die Zubereitung von Essen hat nichts Bewundernswertes oder Künstlerisches. Sie machen sich Sorgen um Israel und vielleicht darüber, was die Israelis essen.

Vielleicht um den kräftezehrenden Effekten solcher Rhetorik aus dem Weg zu gehen, reisen unsere neuen Köche viel. Sie müssen auf dem laufenden bleiben. Sie gehen auf Nahrungsmittelmessen, nehmen an Kursen teil und geben selbst Kurse. Ihre Kollegen gehen weniger hart mit ihnen ins Gericht als ihre Landsleute. Und sie können sich auch weiterhin auf die Avocado und die Zitrusfrüchte verlassen. Sie gewinnen Preise, auf die sie sehr stolz sind, die sie aber niemals in der Heimat zur  Schau stellen. Sie knüpfen Kontakte und werden, wenn sie Glück haben, in die größten Küchen Europas eingeladen. Roger Verge könnte ihnen gestatten, sich einige Tage in seiner Küche umzusehen. Anton Mosimann vom Dorchester in London gilt als sehr kooperativ. Er ist ein großer, offenherziger und freundlicher Gastgeber und erteilt gern Ratschläge. Einmal im Jahr fühlen sich unsere Köche auch verpflichtet, nach Paris zu reisen. Dies ist ein teures, aber äußerst lohnendes Unternehmen. Sie besuchen zahlreiche Zwei-Sterne-Restaurants und schließen Wetten darüber ab, welches davon im nächsten Michelin mit dem begehrten dritten Stern ausgezeichnet wird. Sie gehen zu Fouchon und geben Unsummen für eingelegte Trüffeln (aus dem Périgord natürlich), Kräuteressig und Olivenöl extra vergine aus. Sind die Austern auf dem Fischmarkt frisch, so kaufen sie eine Kühlbox, füllen sie mit zerstoßenem Eis und packen einige Dutzend Austern hinein. Im Flugzeug nach Israel ist dann ein neuer Küchenchef auch ganz leicht zu erkennen – er sitzt fünf Stunden lang stocksteif da und umklammert eine riesige Eisbox auf seinem Schoß.

Er und seine Kollegen verfügen auch über ein perfektes kulinarisches Nachrichtensystem. Er wird es als erster erfahren, wenn es einem Iraner gelungen ist, den Ayatollahs mit einer Ladung Kaviar zu entwischen. Und er ist auch eine Art Guru. Schafzüchter tragen ganze Lammhälften sechs Treppen hinauf, nur um seine ehrliche Meinung zu hören. Hochseefischer wenden sich vertrauensvoll an ihn, wenn sich einmal ein Hummer in ihre Netze verirrt hat.

Das Ergebnis all dieser Mühen ist eine junge, dynamische und erfindungsreiche Küche, auf die zu warten sich wirklich gelohnt hat. Kochen ist einer der wenigen Berufe, in denen die Arbeit genauso lohnt wie das Endergebnis.

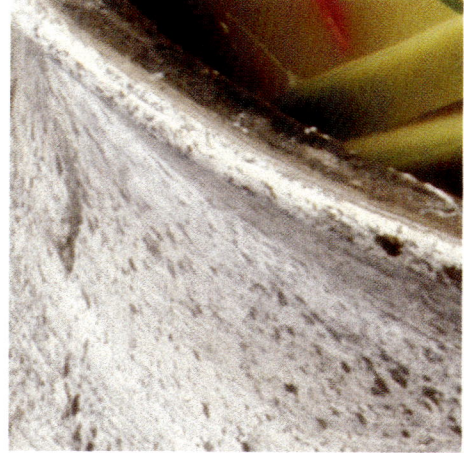

Neue israelische Küchenchefs

Rezepte

Chaim Cohen

LAMMKOTELETTS MIT GEBACKENEN TOMATEN

MARINADE

225 ml trockener Rotwein
60 ml Olivenöl
3 Knoblauchzehen, ungeschält und zerdrückt
1 Lorbeerblatt
frischer Thymian und Rosmarin
1 Zwiebel in Ringen
1 Karotte in Scheiben
Salz und frisch gemahlener schwarzer Pfeffer
Rippenstück vom Lamm mit 12 Koteletts
4 oder 5 große Tomaten
(Ergibt 4 oder 5 Portionen)

◆ *Chaim Cohen*

ist der junge

Chef des fran-

zösischen Re-

staurants Ke-

ren à la Carte.

Er reist oft

nach Frank-

reich, um dort

bei einem Mei-

sterkoch zu

lernen.

Aus den angegebenen Zutaten eine Marinade rühren und die Lammrippe 24 Stunden einlegen. Rippe aus der Marinade nehmen und Fleisch und Fett so von den Enden der Knochen lösen, daß man die Koteletts leicht herausnehmen kann. Backrohr auf 220° vorheizen. Lammrippe abtropfen lassen, Marinade durch ein Sieb gießen und einen Großteil davon gut ins Fleisch einreiben. Dieses auf ein Backblech legen und 10 Minuten im Rohr braten, Temperatur auf 180° herunterschalten und Fleisch weitere 10 Minuten unter beständigem Begießen mit dem Bratensaft garen.

Rippe aus dem Rohr nehmen, 5 Minuten stehenlassen und dann die Koteletts auslösen. Etwas übriggebliebene Marinade zum Bratensaft geben und das Ganze bei starker Hitze einkochen lassen. Vor dem Servieren über die Koteletts gießen.

Die Tomaten halbieren und mit Meersalz und frischem Thymian bestreuen. Auf ein gefettetes Backblech legen und am besten zusammen mit dem Lamm backen. Sie brauchen bei moderater Hitze ca. 15 Minuten.

MELONE MIT MINZE, DATTELN UND ARRAK

16 getrocknete Datteln, entkernt und
fein gehackt
12 frische Minzeblätter, fein gehackt
100 ml Arrak oder Ouzo
3 kleine Melonen
(Ergibt 6 Portionen)

Gehackte Datteln und Minze 3 Stunden in *Arrak* legen. Melonen halbieren, Kerne entfernen und mit der Dattel-Minze-Mischung füllen. Gut gekühlt servieren.

RAUKE MIT PINIENKERNEN

900 g Raukeblätter
16 Spinatblätter
1 Kopf römischer Salat
3 Tomaten
Olivenöl
Salz und Pfeffer
175 g geröstete Pinienkerne
(Ergibt 6 bis 8 Portionen)

Rauke- und Spinatblätter waschen, Stiele abschneiden. Tomaten in dünne Scheiben schneiden und Salat zerzupfen und ebenfalls waschen. Einen Teil der Rauke und der Pinienkerne auf ein Bett aus Salatblättern legen und die Tomaten kreisförmig darauf verteilen. Eine weitere Schicht Rauke und Pinienkerne darauflegen, mit Spinatblättern abdecken und mit Olivenöl, Salz und Pfeffer abschmecken.

◆ *Lammkoteletts*

mit gebacke-

nen Tomaten.

AVOCADOSUPPE

1/2 Zwiebel, fein gehackt
60 g Margarine
3 Eßlöffel Mehl
1 l Milch
2 reife Avocados
2 Knoblauchzehen, zerdrückt
3 Eßlöffel Zitronensaft
1 Eßlöffel frisch gehackter Dill
100 ml Crème double
2 Eigelb
Salz und frisch gemahlener schwarzer Pfeffer
(Ergibt 6 Portionen)

Zwiebel in der Margarine goldbraun werden lassen. Hitze drosseln und Mehl hineinsieben. Unter beständigem Rühren die Milch zugeben, zum Kochen bringen und sanft köcheln, bis die Masse eindickt.

1 Avocado schälen und zusammen mit dem Knoblauch und 2 Eßlöffel Zitronensaft zerdrükken. Andere Avocado schälen, würfeln und mit dem restlichen Zitronensaft beträufeln, damit das Fleisch nicht schwarz wird. Bei mittlerer Hitze Avocadobrei in die eingedickte Milchmasse rühren, Avocadowürfel und Dill zugeben. Eigelb und Crème double verschlagen und in die Suppe einrühren. Diese mit Salz und Pfeffer würzen und warm servieren.

Anmerkung: *Suppe nach Zugabe der Avocados nicht mehr aufkochen, da diese sonst bitter werden.*

MOUSHT MIT MANGOSAUCE

St.-Peter-Fisch mit pürierter Mango

Saft von 1 Zitrone
2 Eßlöffel Worcestersauce
Salz und frisch gemahlener schwarzer Pfeffer
2 frische St.-Peter-Fische à 600 g, filiert
2 Eßlöffel Mehl
Öl
60 g Butter
100 ml trockener Weißwein
1 Mango
(Ergibt 4 Portionen)

Zitronensaft, Worcestersauce, Salz und Pfeffer verrühren, über die Fische gießen und diese mindestens 30 Minuten ziehen lassen. Marinade abgießen und aufheben.

Fische mit Mehl bestäuben und von beiden Seiten im heißen Öl braten. Fische aus der Pfanne nehmen, Öl weggießen und Butter, Weißwein und Marinade in die Pfanne geben.

Mango schälen, die eine Hälfte des Fleisches pürieren, die andere in dünne Scheiben schneiden. Scheiben in die Pfanne geben. Fisch hineinlegen und garen, bis das Fleisch sich leicht lösen läßt. Fische auf eine vorgewärmte Platte legen, Mango-Püree zum Pfanneninhalt geben und das Ganze über die Fische gießen.

Uri Guttmann

◆ *Avocado-*

suppe

Uri
Guttmann

◆ *Uri Gutt-*

mann, ein an-

erkannter

Küchenchef,

repräsentiert

Israel auf

Kongressen

und interna-

tionalen Nah-

rungsmittel-

messen. Er ist

Besitzer des

Panorama-

Restaurants

in Tel Aviv.

BANANEN- TEL-KATZIR

FÜLLUNG

225 ml Milch
1 Eßlöffel Zucker
2 Eßlöffel Butter
Vanilleextrakt oder -essenz
1 Eßlöffel Stärke oder Maismehl
1 Eigelb
Salz
150 g Pecannußkerne
8 frische Datteln, entkernt und ganz
4 getrocknete Datteln, fein gehackt
abgeriebene Schale von 1 Orange
4 ganze Bananen, geschält
4 Crêpes

SAUCE

60 g Butter
225 g Zucker
100 ml frisch gepreßter Orangensaft
(Ergibt 4 Portionen)

Milch mit Zucker, Butter und Vanille zum Kochen bringen. Stärke und Eigelb vermischen, 1 Prise Salz zugeben und zur Milch geben, unter beständigem Rühren eindicken lassen. Auskühlen lassen und zugedeckt in den Kühlschrank stellen.

In einem Mixer Pecannüsse zerreiben und mit den Datteln unter die erkaltete Füllung mischen. Backrohr auf 220° vorheizen.

Je 1 Löffel Füllung und 1 Banane in einen Crêpe geben und aufrollen. Crêpes auf ein leicht gefettetes Backblech legen und 20 Minuten, oder aber bis die Bananen weich sind, im Rohr backen. Crêpes auf einer vorgewärmten Platte anrichten.

Für die Sauce in einem kleinen Topf Butter bei sehr geringer Hitze zerlassen und Zucker zugeben. Sobald der Zucker aufgelöst ist, Orangensaft einrühren. Sauce heiß über die Crêpes gießen.

ENTENBRUST MIT YSOP

1 Teelöffel Honig
2 Knoblauchzehen, fein gehackt
2 Teelöffel Ysop
Salz und frisch gemahlener schwarzer Pfeffer
4 Eßlöffel Brandy
225 ml Wasser
2 Eßlöffel Butter
2 Entenbrüste à 350 g
frische Melissen- oder Zitronenblätter
zum Garnieren
(Ergibt 4 Portionen)

Honig, Knoblauch, Ysop, Salz, Pfeffer, Brandy und Wasser verrühren. Entenbrüste 2 Stunden in dieser Marinade ziehen lassen.

Entenbrüste aus der Marinade nehmen, rasch auf beiden Seiten in Butter braten und in eine Backform legen. Die Hälfte der Marinade angießen und Enteteile je 5 Minuten pro Seite im heißen Rohr garen. Entenbrüste in Scheiben schneiden und mit der Marinade als Sauce, bestreut mit Ysop und garniert mit Melissenblättern, zu Tisch bringen.

Erez
Komarovsky

LAMMKOTELETTS MIT WASSERMELONE

12 Lammkoteletts
100 ml Rotwein
60 ml Olivenöl, extra vergine
1 Knoblauchzehe in feinen Scheiben
4 Eßlöffel fein gehackter frischer Koriander
1 Zweig Zitronengras (Cymbopogon citratus),
sehr fein gehackt
1 Stengel frischer Sauerampfer
Raukeblätter
450 g Wassermelonenfleisch
225 g Ziegenkäse
(Ergibt 6 Portionen)

Lammkoteletts 1 Stunde in einer Marinade aus Wein, Olivenöl, Knoblauch, Koriander und Zitronengras ziehen lassen. Sauerampfer und Rauke waschen und trocken schütteln. Melonenfleisch in ebenmäßige Streifen schneiden.
Koteletts aus der Marinade nehmen und in eine Grillpfanne legen. Etwas Marinade zugeben und unter dem heißen Grill einige Minuten grillen. Koteletts wenden, je 1 Scheibe Ziegenkäse auf jedes Kotelett legen und ca. 5 Minuten weitergaren, bis das Fleisch durch, aber nicht überkocht ist. Koteletts auf einem Bett aus Sauerampfer, Rauke und Melonenstreifen anrichten und mit einem Teil des Bratensaftes übergießen

FEIGEN UND KAKTUSFEIGEN MIT ROSEN-VANILLE-JOGHURT

100 g Zucker
100 ml Wasser
$^1/_2$ Vanilleschote
1 Handvoll Rosenblätter
225 ml einfacher Joghurt
Butter
450 g reife Feigen
450 g Kaktusfeigen
(Ergibt 6 bis 8 Portionen)

Zucker im Wasser auflösen, Vanilleschote und den Großteil der Rosenblätter zugeben. Aufkochen und 5 Minuten köcheln. Flüssigkeit durch ein Nylonsieb gießen und auskühlen lassen. Joghurt einrühren und die Masse mindestens 1 Stunde in den Kühlschrank stellen. Backrohr auf 200° vorheizen.
Feigen waschen und abtrocknen. Kaktusfeigen unter fließendem Wasser sorgfältig schälen (am besten mit Handschuhen), abtrocknen und zusammen mit den Feigen auf ein gebuttertes Backblech setzen, 10 Minuten backen und heiß mit kalter Sauce und den restlichen Rosenblättern garniert servieren.

◆ *Erez Komarovsky bietet japanische Spezialitäten mit israelischem Touch an.*

Erez
Komarovsky

ROTERSCHNAPPER MIT MYRTE

1 sehr frischer Schnapper (900 g)
1, 2 l Wasser
1 Eßlöffel Meersalz
frische Myrtenblätter
100 ml Olivenöl, extra vergine
1 Chilischote, sehr fein gehackt
4 Knoblauchzehen, zerdrückt
4 Babyauberginen
2 oder 3 Zitronen
(Ergibt 4 Portionen als Hauptgericht und
8 Portionen als Vorspeise)

Fisch filieren und die Haut mehrmals diagonal einschneiden. Wasser mit Salz zum Kochen bringen, Fischfilets je 30 Sekunden ins kochende Wasser tauchen und sofort in eine Schüssel mit eiskaltem Wasser legen. Kalte Filets abgießen und mit Küchenpapier trocken tupfen.
Myrtenblätter zwischen den Fingern zerreiben, damit das ganze Aroma frei wird, und zusammen mit der Chilischote (beim Hacken unbedingt Handschuhe tragen) und dem Knoblauch in eine flache Schüssel legen. Auberginen weich dünsten, häuten und ebenfalls in die Schüssel geben. Saft der Zitronen auspressen und zugeben. Fischfilets mindestens 3 Stunden in der Marinade ziehen lassen, damit sie das ganze Aroma aufnehmen können.
Vor dem Servieren Fischfilets aus der Marinade nehmen, abtropfen lassen und mit einer geviertelten Aubergine und einigen Zitronenspalten garniert servieren.

◆ *Schnapper*

mit Myrte.

MEERBARBE IN WEINBLÄTTERN

8 große frische Weinblätter
4 Eßlöffel Olivenöl
Saft von 1 Zitrone
1 Eßlöffel frisch gehackte Petersilie
20 Korianderkörner
1 Eßlöffel frisch gehacktes Basilikum
Salz und frisch gemahlener schwarzer Pfeffer
8 Meerbarben à 225 g, gesäubert und
trocken getupft.
(Ergibt 8 Portionen)

Weinblätter 20 Sekunden in heißem Wasser blanchieren und auf Küchenpapier abtropfen lassen (in Lauge konservierte Weinblätter vorbereiten, wie im Rezept für gefüllte Weinblätter auf S. 28 angegeben). Olivenöl, Zitronensaft, Petersilie, Koriander, Basilikum, Salz und Pfeffer vermischen. Fische mehrmals mit einer Gabel anstechen und 1 Stunde in der Öl-Kräuter-Mischung marinieren.

Je 1 Fisch so in je 1 Weinblatt wickeln, daß der Kopf herausschaut. Weinblätter mit Olivenöl bepinseln. Fische unter dem vorgeheizten Grill auf jeder Seite 2 Minuten garen. Zusammen mit anderen *Mezze* servieren.

EINGELEGTE KUMQUATS

450 g frische Kumquats
450 g Zucker
350 ml Wasser
1 Eßlöffel Rosenwasser (auf Wunsch)

Kumquats sorgfältig waschen und der Länge nach in Scheiben schneiden. In einem großen Topf Zucker in Wasser auflösen. Kumquats zugeben, aufkochen und 1 Stunde köcheln. Vom Feuer nehmen, Rosenwasser zugeben und auskühlen lassen. In einem luftdicht verschließbaren Gefäß aufbewahren.

◆ *Mittelmeer-*

torte

MITTELMEERTORTE

TEIG
225 g Mehl
225 ml Olivenöl
80 ml Wasser
1 Ei
Salz und frisch gemahlener
schwarzer Pfeffer

FÜLLUNG
1 kleine Aubergine
2 Knoblauchzehen, fein gehackt
2 Zwiebeln in feinen Ringen
60 ml Olivenöl
6 kleine Tomaten in feinen Scheiben
4 kleine Zucchini in feinen Scheiben
1 Teelöffel frischer Thymian
150 g schwarze Oliven, entsteint und halbiert
Salz und frisch gemahlener schwarzer Pfeffer
(Ergibt 5 bis 6 Portionen)

Teigzutaten mit dem Plastikhaken der Knetmaschine verkneten. Teig zu einer Kugel formen, in Folie packen und 1 Stunde in den Kühlschrank stellen.

Aubergine der Länge nach halbieren und die Hälften in feine Scheiben schneiden. Bei sehr geringer Hitze Knoblauch, Zwiebeln und Aubergine 15 Minuten, oder aber bis die Aubergine gar ist, in Olivenöl dünsten. Salz und Pfeffer und einen Großteil des Thymians zugeben. Backrohr auf 220° vorheizen.

Teig ausrollen und eine Tortenform mit herausnehmbarem Boden damit auslegen. An den Ecken überstehenden Teig abschneiden und den Boden mit der Gabel mehrmals einstechen. Auberginen-Zwiebel-Masse auf den Boden verteilen, Tomaten und Zucchini hübsch darauf anrichten, Oliven darauf verteilen, mit restlichem Thymian bestreuen und mit Olivenöl bepinseln. Torte 45 Minuten backen und heiß oder kalt servieren.

Israel Aharoni

◆ *Israel Aharo-*

ni ist Besit-

zer und Kü-

chenchef im

Yin -Yang,

einem der

führenden

chinesischen

Restaurants

Israels, und

liebt außer-

dem die fran-

zösische Kü-

che.

Zachi Bukshester

◆ Zachi Bukshester ist Besitzer und Küchenchef des Pink Ladle. Er serviert Nouvelle Cuisine à la Israel und legt besonderen Wert auf die Präsentation seiner Gerichte.

FÜLLHORN

4 Blätter Filo-Teig
1 Eßlöffel Mehl
Öl

MARINADE
1 Eßlöffel Olivenöl
1/2 Eßlöffel brauner Zucker
1 Eßlöffel Weißweinessig
1 Knoblauchzehe

BOHNENSAUCE
450 g frische Puffbohnen
60 ml Sahne
225 ml Hühnerbrühe
Dill, Muskat, Salz und Pfeffer zum Würzen

FÜLLUNG
225 g Filetsteak, gewürfelt
225 g Seebarschfilet, gewürfelt
1 Eßlöffel Pistazienkerne
1 kleine Zwiebel, gehackt
60 g Karotten, fein gewürfelt
60 g Lauch, gehackt
180 g Spargel, gehackt
60 g Steckrüben in kleinen Würfeln
100 ml trockener Rotwein
(Ergibt 4 Portionen)

Jedes Filo-Blatt zu einem Horn drehen und mit einer Mischung aus Mehl und Wasser fixieren. Trocknen lassen.
Zutaten für die Marinade verrühren, Rindfleisch, Fisch, Pistazien und Zwiebeln vermischen und 1 Stunde marinieren. Bohnen gerade eben gar dünsten und abgießen. Mit Sahne, Hühnerbrühe und Gewürzen im Mixer pürieren und warm stellen.
Karotten, Lauch, Spargel und Rüben al dente kochen. Fleisch, Fisch, Pistazien und Zwiebeln aus der Marinade nehmen, in Butter sautieren, Gemüse und Rotwein zugeben.

Filo-Hörner fritieren, bis sie knusprig und goldbraun sind, und mit der Fleisch-Gemüse-Masse füllen. Warme Bohnensauce auf Teller verteilen, je 1 Filo-Horn daraufsetzen und servieren.

FLAMBIERTE KAKTUSFEIGEN

1/2 Eßlöffel Butter
1 Teelöffel brauner Zucker
Kardamompulver
2 Kaktusfeigen pro Person, geschält und in Scheiben geschnitten
2 Eßlöffel Sabra- oder Grand-Marnier-Likör
Schlagsahne

Die Hälfte der Butter zerlassen, Zucker, Kaktusfeigen und Kardamom darin 1/2 Minute sautieren, Likör eingießen und flambieren. sobald die Flammen erloschen sind, restliche Butter zugeben und zerlaufen lassen. Mit Schlagsahne servieren.

GEBACKENER ZIEGENKÄSE MIT MINZESALAT

Rezept siehe S. 56

◆ Füllhorn

*Itamar
Davidov*

◆ *Itamar Davidov ist Besitzer und Küchenchef im Pitango-Restaurant. Er vereint einheimische Produkte mit französischer Küchentradition und ist berühmt für seine Speisenkombinationen.*

TOPINAMBOUR-CREMESUPPE

450 g Topinambours, geschält
1 l Hühnerbrühe
Saft von 1 Zitrone
100 g Hühnerbrust, gehäutet und gewürfelt
60 g Butter
5 Eßlöffel Mehl
Salz und frisch gemahlener weißer Pfeffer
4 Stränge Safran
225 ml Schlagsahne oder Crème double
frisch gemahlener schwarzer Pfeffer
(Ergibt 5 bis 6 Portionen)

Topinambours in Brühe und Zitronensaft kochen, bis sie gerade eben zart sind, Brühe abseihen und beiseite stellen. Gemüse pürieren, dabei gerade so viel Brühe zugeben, daß es schön leicht geht.

Hühnerfleisch in der Hälfte der Butter pfannenrühren – 2 Minuten, oder aber bis es weiß ist. Auf Küchenpapier abtropfen lassen.

Restliche Butter zerlassen, Mehl zugeben, 2 bis 3 Minuten unter Rühren kochen. Restliche Hühnerbrühe, Topinambour-Püree, Salz, weißen Pfeffer und Safran einrühren, langsam zum Kochen bringen, unter beständigem Rühren 5 Minuten kochen.

Hühnerfleisch zugeben und würzen. In allerletzter Minute Sahne einrühren, mit schwarzem Pfeffer bestreut servieren.

DATTELN UND MOHNSAMEN IN HEISSEM TOFFEE

100 ml süße Sahne oder Crème double
100 g Zucker
2 Eßlöffel Wasser
20 frische Datteln, ganz, ohne Kerne
3 Teelöffel geröstete Mohnsamen
350 ml Schlagsahne
(Ergibt 4 Portionen)

100 ml Sahne im Wasserbad erhitzen. In einem kleinen Topf Zucker im Wasser auflösen, Hitze heraufschalten und so lange kochen, bis die Masse goldfarben ist. Vom Feuer nehmen und heiße Sahne einrühren. Masse aufkochen und 5 Minuten unter beständigem Rühren kochen. Nun sollte ein weiches, dickes Toffee entstanden sein. Datteln und Mohnsamen einrühren und 1 bis 2 Minuten weiterkochen. Garniert mit einer Haube Schlagsahne servieren.

◆ *Datteln und Mohnsamen in heißem Toffee.*

*Celia Regev und
Reviva Appel*

BAYERISCHE CREME
À LA JAFFA

*6 Orangen
frische Minze- oder Zitronenblätter
zum Garnieren*

BAYERISCHE CREME
*100 g Zucker
8 Eigelb
225 ml Orangensaft
2 knappe Teelöffel / 10 ml Gelatine
225 g süße Sahne oder Crème double,
geschlagen*

SAUCE
*100 g Zucker
225 ml Orangensaft
4 Eßlöffel Zitronensaft
(Ergibt 6 Portionen)*

◆ *Die beiden*

Restaurant-

besitzerinnen

Celia und

Reviva haben

sich auf die

Kreation neuer

Süßspeisen und

Desserts

spezialisiert.

Orangen schälen und in Spalten teilen, 6 Puddingförmchen mit Butter ausstreichen und die Böden mit zugeschnittenem Backpapier auslegen. Seitenwände mit Zucker bestäuben, überschüssigen Zucker ausschütteln. Orangenspalten entlang der Seitenwände stellen, notfalls zuschneiden.

Für die bayerische Creme Eigelb und Zucker schön schaumig rühren. Orangensaft aufkochen und zu dem Eigelb geben.

Gelatine nach Packungsvorschrift auflösen. Eigelb und Orangensaft bei geringer Hitze dicklich werden lassen, Gelatine zugeben, gut verrühren und durchseihen. Ausgekühlt in den Kühlschrank stellen, bis die Masse sich zu setzen beginnt. Schlagsahne unterheben, Creme in die

Förmchen füllen und 3 bis 4 Stunden stehenlassen.

Für die Sauce Zucker in Orangen- und Zitronensaft auflösen, aufkochen und einige Minuten eindicken lassen. Ausgekühlt auf Teller verteilen, Inhalt der Förmchen daraufstürzen und mit je 1 Minze- oder Zitronenblatt garnieren.

OGENMELONEN-SORBET

*300 g Zucker
300 ml Wasser
300 g püriertes Ogenmelonenfleisch, gekühlt
Saft von 1 Zitrone
(Ergibt 4 Portionen)*

Zucker in Wasser auflösen, aufkochen. Sobald die Masse Blasen wirft, vom Feuer nehmen, auskühlen lassen und in den Kühlschrank stellen. Melonenpüree mit Zitronensaft und kaltem Sirup vermischen, in ein flaches Gefäß füllen und im Gefrierschrank eben fest werden lassen. Herausnehmen, weich schlagen und erneut gefrieren. In vorgekühlten Gläsern mit Zuckerrand servieren.

◆ *Bayerische*

Creme

à la Jaffa.

Dalia Penn-Lerner

SALAT MIT FOIE GRAS UND GRANATAPFELKERNEN

225 frische Foie Gras (oder Hühnerleber)
verschiedene Salate (römischer Salat,
Radicchio, Endivie, Spinat)
1 Eßlöffel Weißweinessig
2 oder 3 Eßlöffel Granatapfelkerne
Salz und frisch gemahlener schwarzer Pfeffer

DRESSING
1 Eßlöffel Weißweinessig
1 Eßlöffel Zitronensaft
4 Eßlöffel Olivenöl
Salz und Pfeffer
(Ergibt 4 Portionen)

Leber in 1 cm große Würfel schneiden. Zugedeckt im Kühlschrank fest werden lassen. Salatblätter in eine Schüssel geben. Dressing anrühren, darübergießen und gut durchmischen.
Eine Antihaftpfanne erhitzen. (Bei der Verwendung von Hühnerleber etwas Öl zugeben, da sie wesentlich weniger fett ist als Gänsestopfleber.) Leber rasch pfannenrühren – die Würfel sollten innen noch rosig sein. Auf einen vorgewärmten Teller legen.
In der Pfanne verbliebenes Fett weggießen, Essig hineingeben. Vom Feuer nehmen, Leberwürfel zugeben und mit Salz und Pfeffer würzen. Granatapfelkerne und Leber über den Salat geben und sofort servieren.

KÄSEBEUTEL

Feta oder Ziegenkäse, vollfett
frisches Bohnenkraut oder
Thymian, fein gehackt
Filo-Teig
zerlassene Butter
Früchte wie Wassermelone,
reife Feigen oder Trauben

Käse mit einer Gabel zerdrücken und mit frischen Kräutern würzen. *Filo*-Blätter in 10 cm große Quadrate schneiden. Je 1 Eßlöffel Käsefüllung daraufsetzen, Ecken hochziehen, Beutelchen formen und mit Wasser befestigen. Backrohr auf 190° vorheizen.
Käsebeutel mit zerlassener Butter bepinseln und 10 bis 15 Minuten knusprig und goldbraun backen. Mit Früchten garniert servieren.
Falls die Herstellung von Beuteln zu mühevoll sein sollte, kann man auch Dreiecke oder Rechtecke formen. Und anstatt Backen eignet sich auch Fritieren als Zubereitungsform.

◆ *Dalia Penn-*
Lerner, eine
ehemalige
Schauspiele-
rin, ist heute
eine weitgerei-
ste Küchenche-
fin, Kochbuch-
autorin und
-herausgebe-
rin.

◆ *Käsebeutel.*

REGISTER